O PODER DA ESPERANÇA

SEGREDOS DO BEM-ESTAR EMOCIONAL

JULIÁN MELGOSA e MICHELSON BORGES

Casa Publicadora Brasileira
Tatuí, SP

Direitos de publicação reservados à
CASA PUBLICADORA BRASILEIRA
Rodovia SP 127 – km 106
Caixa Postal 34 – 18270-000 – Tatuí, SP
Tel.: (15) 3205-8800 – Fax: (15) 3205-8900
Atendimento ao cliente: (15) 3205-8888
www.cpb.com.br

1ª edição
57ª impressão: 300 mil
Tiragem acumulada: 16.534 milhões
2018

Coordenação Editorial: Diogo Cavalcanti
Editoração: Guilherme Silva, Vinícius Mendes e Diogo Cavalcanti
Revisão: Luciana Gruber
Revisão Técnica: Dr. Everton Padilha Gomes e Dr. Marcello Niek Leal
Projeto Gráfico: Alexandre Rocha
Capa: Eduardo Olszewski
Imagem da Capa: Kevin Carden/Fotolia

IMPRESSO NO BRASIL / *Printed in Brazil*

Dados Internacionais de Catalogação na Publicação (CIP)
(Câmara Brasileira do Livro, SP, Brasil)

Melgosa, Julián
    O poder da esperança : segredos do bem-estar
emocional / Julián Melgosa, Michelson Borges. –
Tatuí, SP : Casa Publicadora Brasileira, 2017.

    ISBN 978-85-345-2400-1

    1. Autoestima 2. Bem-estar 3. Desenvolvimento
pessoal 4. Emoções – Aspectos psicológicos 5.
Espiritualidade 6. Saúde emocional I. Borges, Michelson.
II. Título.

17-02938   CDD-152

Índices para catálogo sistemático:
1. Saúde emocional : Psicologia   152.4

Os textos bíblicos citados neste livro foram extraídos da Nova Versão
Internacional, salvo outra indicação.

Tipologia: Minion Pro Display, 11/13 – 15964/38505

Sumário

1

Saúde também é coisa da sua cabeça

O trânsito estava realmente infernal naquele dia. Depois de uma jornada de trabalho tensa, com problemas e mais problemas para resolver, inúmeros e-mails e telefonemas para responder, tudo o que Paulo mais queria era chegar em casa, comer algo, afundar no sofá da sala e assistir a qualquer coisa na televisão. Porém, os minutos desperdiçados no trânsito se transformaram em horas. Quando chegou a sua casa, já era noite. Entrou, tirou os sapatos, jogou a pasta em um canto, deu um "oi" apressado para a esposa e mal viu os dois filhos que brincavam no tapete. Tomou uma ducha morna, vestiu roupas confortáveis e sentou-se à mesa de jantar.

– Tem alguma coisa para comer? – perguntou secamente.

– Sua mãe ligou agora há pouco. Reclamou que você não vai visitá-la há muitos meses.

– Ela sabe que não tenho tempo. Tenho mais o que fazer. Contas a pagar. Problemas para resolver. E a nova supervisora não larga do meu pé... mulher complicada! Parece que tem medo do futuro, de que a empresa quebre. É difícil trabalhar com ela. Está me deixando louco!

– É só disso que você fala ultimamente: problemas, contas, a supervisora. Percebeu ao menos que seus filhos estão ali na sala? O Marquinhos perguntou a tarde toda a que horas você chegaria.

– Todo dia é a mesma coisa? Só cobrança, cobrança! Me cobram no trabalho, me cobram em casa! Pensa que é fácil sustentar a família sozinho?

Essas últimas palavras atingiram Sílvia em cheio. Não era justo. Ela havia sido afastada do trabalho por motivos de saúde, e ele sabia disso. Claro que era bom passar mais tempo com as crianças, mas ouvir as reclamações do marido dia após dia estava se tornando insuportável.

– Nossos filhos estão crescendo e mal conhecem o pai. Isso para não falar do nosso casamento...

– Você pode me dar um tempo? Estou cansado, com dor de cabeça e sem paciência para essa conversa.

Naquele momento, a filha de Paulo, uma garotinha de seis anos, com cabelos encaracolados e belos olhinhos, aproximou-se do casal e entregou um envelope para o pai, que respondeu rispidamente:

– Agora não, filha! Não vê que sua mãe e eu estamos conversando?

Ele colocou o papel no bolso de qualquer jeito, ignorando a menina que se afastava com lágrimas nos olhos.

– Você é um estúpido, mesmo! Não vê o que está fazendo com sua família?

– Pra mim já chega! Vou para o quarto. Perdi a fome – devolveu Paulo.

Ele tinha a nítida sensação de que estava perdendo o controle de seu mundo. O homem tão seguro, tão cheio de si não estava conseguindo administrar a própria vida. Pensamentos negativos tomavam conta dele. O cérebro parecia ferver, e lembranças ruins do passado pioravam tudo. O corpo de meia-idade estava excessivamente fatigado devido à falta de exercícios físicos. Como ter tempo para isso? A supervisora estressada vivia lhe pedindo relatórios. Ele não queria saber de pensar em nada mais. Só queria descansar, dormir e, quem sabe, nem acordar.

Quando se deitou de lado, sentiu algo no bolso. Pegou o envelope amassado, abriu-o e encontrou uma cartinha escrita com giz de cera. Sentindo o estômago revirar, ele leu: "Papai, eu te amo."

Buraco negro

Quem nunca se sentiu como Paulo, esmagado por compromissos e incapaz de lidar com tantas coisas ao mesmo tempo? Quem nunca teve vontade de jogar tudo para o alto e fugir para uma ilha deserta? Bem, talvez você seja um "sortudo" para quem tudo dá certo, cujos dias passam de maneira tranquila, sem contratempos. Contudo, agora mesmo, milhões de pessoas sofrem sob o peso de uma terrível carga emocional. Ansiedade, estresse e depressão são as primeiras palavras de um imenso dicionário de problemas e transtornos emocionais.

Uma declaração do famoso físico britânico Stephen Hawking repercutiu mundialmente. O assunto não foram buracos negros nem teorias surpreendentes sobre universos múltiplos. O tema foi mais corriqueiro e bem "deste mundo": a depressão. Na verdade, Hawking, que vive confinado a uma cadeira de rodas há décadas devido a uma doença neurológica degenerativa, deu conselhos a pessoas que sofrem com depressão. Depois de falar sobre buracos negros, o cientista comparou a depressão a esses fenômenos, destacando que, não importa quanto eles sejam escuros, é possível escapar deles.

Hawking disse: "A mensagem desta palestra é que os buracos negros não são tão negros quanto parecem. Eles não são as prisões eternas que pensávamos. As coisas conseguem escapar de buracos negros e, possivelmente, para outro universo. Então, se você sentir-se dentro de um buraco negro, não desista: há uma saída."

Talvez essas palavras de ânimo de Hawking não consigam fazer diferença, de fato, para alguém como Paulo, que esteja vivendo em um "buraco negro" de depressão, ansiedade, traumas e até pensamentos suicidas. Existe realmente saída para esses problemas? Existe esperança? Como sair dos buracos negros que a vida apresenta?

A força do pensamento

Embora alguns exagerem, o dito popular "querer é poder" tem muito de verdade. Todo atleta sabe que bater um recorde não é resultado de simples preparação física, mas também do cultivo da mente e do pensamento. De igual modo, muitas coisas que fazemos, emoções que sentimos e até doenças que sofremos têm sua origem nos pensamentos.

O *ambiente* (pessoas, lugares e circunstâncias), a *personalidade* (otimista ou pessimista, desconfiada ou confiante, falante ou calada, persistente ou inconstante, etc.) e as *recordações* e *experiências vividas* são as molas propulsoras dos pensamentos. Qualquer pessoa pode controlar os pensamentos e dirigir sua vontade para obter uma reação.

Com exceção das reações automáticas ou das ações repetidas por questão de hábito, o que fazemos tem origem nos pensamentos que vêm antes dos atos. Veja esses três casos:

• Antes de chegar à corretora de imóveis, Maurício não pensava em comprar um imóvel. Contudo, o ambiente, a cortesia dos vendedores, as lindas fotos dos apartamentos e as facilidades de pagamento o animaram a considerar essa possibilidade. Foi para casa e pensou no assunto, imaginou a mudança para uma residência maior e com mais segurança, com escola no bairro para as crianças e transporte quase na porta do prédio. Em dois dias, assinou o contrato.

• Eloísa foi tomar um lanche com duas ex-colegas de faculdade. Divertiram-se muito, falaram sobre mil coisas daquele tempo e da vida atual. Retornando para casa, Eloísa comparou sua vida com a das amigas. Considerou todos os detalhes, relembrou o passado e concluiu que elas eram mais felizes. Ficou um sabor amargo. Imediatamente, sentiu um misto de tristeza e decepção ao refletir sobre suas conquistas. Esse estado de ânimo a acompanhou por vários dias.

• Vitória tinha bom relacionamento com todas as pessoas. Entretanto, teve uma discussão desagradável com seu irmão, e não se falaram mais. Ela não quis fazer as pazes porque sofreu muito com as palavras cortantes dele. Quando relembrava o momento do desentendimento, ficava irada, com o ritmo cardíaco altamente alterado e sentia náuseas.

Nos três casos, há uma clara relação entre pensamento e conduta (ou estado de ânimo). O que teria ocorrido se Maurício, Eloísa e Vitória tivessem alterado o rumo de suas reflexões? Provavelmente, a conduta de cada um teria sido muito diferente.

De qualquer forma, todos somos donos de nossos pensamentos. E, como tais, com maior ou menor dificuldade, podemos nutri-los, dirigi-los, expandi-los, reduzi-los ou rejeitá-los. Muitas pessoas sabem o que fazer quando sentem alguma indisposição física, um resfriado, dor de cabeça ou de estômago. No entanto, poucos sabem o que fazer quando se sentem ansiosos, preocupados, nervosos, irritados ou impacientes. São estados de ânimo tóxicos que devem ser combatidos.

Como identificar seus pensamentos negativos? Como saber se eles levarão você a condutas indesejáveis ou a um estado de ânimo negativo? Para evitar pensamentos impróprios, adote um estilo de vida orientado por princípios e valores universais, como: honestidade, responsabilidade, justiça, respeito aos outros, integridade e veracidade.

Fica aqui uma ressalva: pessoas que tentam desenvolver essa rotina de pensamentos como uma solução em si própria criam, às vezes, uma sobrecarga emocional e uma sensação de "auto-hipocrisia". A ideia principal é cultivar bons valores, como uma semente, e desenvolver um estilo de vida que cresça gradualmente nessa perspectiva. Os que são guiados por esses ideais acabam nutrindo, de forma natural e espontânea, pensamentos otimistas e edificantes, com os resultados benéficos correspondentes.

No livro *The Healthy Mind, Healthy Body Handbook*, os pesquisadores David Sobel e Robert Ornstein mostram evidências dos benefícios do pensamento otimista e da sensação de controle sobre algumas áreas da saúde:

Sistema imunológico – A saliva humana contém substâncias químicas que nos protegem das infecções. Os níveis de proteção dessas substâncias são mais eficazes nos dias em que nos sentimos felizes e satisfeitos do que quando estamos tristes.

Câncer – Um grupo de pacientes com câncer foi ensinado a pensar de forma positiva e relevante. Eles também aprenderam técnicas de relaxamento. O estudo mostrou que os anticorpos desses pacientes se tornaram muito mais ativos que os de pacientes que não haviam recebido essas instruções.

Longevidade – Um grupo de idosos residentes em centros de pessoas da terceira idade passou a ter liberdade para tomar pequenas decisões (tipo de refeição no jantar, escolha de um filme uma vez por semana, etc.). Agindo assim, ficaram mais satisfeitos e felizes. Após um ano e meio, o índice de mortalidade desse grupo ficou 50% inferior ao dos que não tiveram nenhuma possibilidade de fazer escolhas.

Curso pós-operatório – Foram apresentados dados da personalidade de pacientes submetidos a cirurgias cardíacas, dividindo-os em otimistas e pessimistas. Os otimistas se recuperaram mais rapidamente, sofreram menos complicações e retornaram mais cedo a suas atividades.

Saúde em geral – Foi pedido aos participantes de uma pesquisa que elaborassem uma lista de acontecimentos positivos e negativos que, a seu ver, lhes sobreviriam nos próximos anos. Dois anos mais tarde, a saúde de todos foi examinada e se descobriu que, comparados aos de visão negativa, os otimistas quanto ao futuro apresentavam menos sintomas de enfermidades.

Uma forma de conseguir o estilo otimista de pensar é rejeitar os pensamentos negativos e substituí-los por opções positivas. Os pensamentos pessimistas costumam surpreender a pessoa de modo automático e sem nenhuma lógica. Portanto, é importante identificá-los e mudar esse tipo de pensamento. Paulo, por exemplo, antes que se desse conta, estava pensando nos problemas do trabalho, na supervisora irritante, nas "reclamações" da esposa...

O pensamento otimista deve ser uma constante, um estilo de atividade mental. Deve se estender também a todos (ou quase todos) os aspectos da vida. Áreas a se considerar:

Pensamento positivo sobre si mesmo – Procure não formar seu autoconceito comparando-se a personagens da televisão e da vida pública. Todos apresentam uma imagem irreal. Reconheça suas limitações e faça algo para melhorar. Principalmente, não se esqueça de destacar seus valores e habilidades. Bloqueie e rejeite os pensamentos autodestrutivos. Descubra motivos para agradecer porque você foi formado de um "modo especial e admirável" (Salmo 139:14).

Pensamento positivo sobre o passado – O passado não pode ser mudado. Você deve aceitá-lo, mesmo com os acontecimentos desagradáveis que ocorreram. Não culpe o passado pelas dificuldades do presente. Isso é totalmente inútil. Nunca se preocupe com o que aconteceu de desagradável. Esqueça-se das "coisas que ficaram para trás" e avance "para as que estão adiante", pois existe um grande propósito para sua vida (Filipenses 3:13, 14).

Pensamento positivo sobre o futuro – O futuro pode mudar. Sua atitude de hoje afeta o sucesso de amanhã. Pensando confiantemente e com esperança no amanhã, você está aumentando a probabilidade de um futuro mais feliz. E, se houver algo negativo que possa ocorrer, faça planos agora para preveni-lo em vez de se angustiar. Alguém se interessa por você e por suas ansiedades (1 Pedro 5:7).

Pensamento positivo em relação ao ambiente e às pessoas – Coloque os "óculos de tolerância" e observe ao redor. Embora nem tudo seja perfeito, existem também coisas belas e experiências agradáveis. Não julgue as pessoas, mas confie nelas e as respeite. Aprecie o que fazem de bom. Procure entender seus problemas e ajude-as. Assim, sua atitude causará satisfação. Essas atitudes promovem uma nova experiência nos relacionamentos (Filipenses 2:3; 1 Tessalonicenses 5:11).

Certos pressentimentos sem nenhum fundamento tomam conta da cabeça de muita gente. São ideias que não têm sentido lógico e causam infelicidade e transtornos. Por exemplo:

• Estamos rodeados de constantes perigos e riscos, e é natural estarmos sempre preocupados e temerosos.

• As pessoas carentes e infelizes não podem fazer nada para melhorar sua situação.

• Para ser feliz e viver em paz comigo mesmo, preciso ser aprovado e amado por todos os que me conhecem.

• Há sempre uma solução perfeita para cada problema e, se ela não for aplicada, as consequências serão desastrosas.

As declarações acima são enganosas. Concordar com elas pode trazer como consequência dor psicológica e infelicidade. Você deve fazer esforços para identificar e analisar seus pensamentos errôneos. Raciocine de maneira lógica para rejeitá-los e aceitar alternativas melhores.

Controle das tendências mentais

Devido ao estilo de vida ruim de Paulo, seus pensamentos e sentimentos nos últimos meses eram quase todos negativos. Seu estado físico e emocional era resultado de uma série de fatores que precisavam ser analisados com mais calma, mas muito da "atmosfera pesada" que o rodeava tinha que ver com seu diálogo interior. Se seus relacionamentos "externos" não iam bem, seu relacionamento consigo mesmo estava ainda pior.

As pessoas costumam apresentar uma tendência generalizada para os pensamentos positivos ou para os negativos. Em grande parte, essa tendência depende do estilo de diálogo interior, que é contínuo e automático. Conhecer o tipo de diálogo que realizamos conosco torna-se imprescindível para o abandono dos maus hábitos de pensamento e para a busca por alternativas positivas que ajudem na solução dessas situações. Veja só o tipo de pensamentos de Paulo, como vimos no início deste capítulo, e pense nas possíveis alternativas:

Autodiálogo negativo – "Tudo isso é horrível", "não consigo resolver nada", "minha vida não presta", "estou perdendo minha família".

Alternativa – "Não está tão mal. Poderia ser pior", "talvez, com algum esforço e paciência, eu consiga resolver uma coisa de cada vez", "nem tudo está cem por cento, mas existem coisas boas em minha vida", "se eu dedicar à minha família um pouco mais de tempo com qualidade, posso melhorar nosso relacionamento".

Alguns acreditam que a alegria e a felicidade são coisas do acaso, produto das circunstâncias ou mesmo questão de "sorte". No entanto, acima do imprevisível está a escolha pessoal. Ser feliz é uma opção. Parece que alguns preferem ser infelizes, mas é possível escolher ser otimista e desfrutar uma vida razoavelmente feliz. Decisões simples, se forem tomadas com determinação, podem proporcionar grande entusiasmo e prevenir o desânimo. Veja alguns exemplos: "Decidi que vou ser feliz." "Hoje ficarei contente e não permitirei que o desânimo tome conta de mim." "Vou olhar o lado bom das coisas." "Mesmo que meu supervisor faça enormes cobranças, não me deixarei abalar."

Ser feliz e desfrutar a vida com alegria e otimismo é um objetivo desejável que vem por iniciativa própria e não de maneira casual.

O pensamento otimista é uma opção excelente para conservar a saúde mental e alcançar metas, mas não dá para crer que tudo se resolve com o pensamento. O otimismo, embora útil, é limitado em certas circunstâncias: a morte de um familiar, uma catástrofe natural ou um diagnóstico médico grave. Na prática, é impossível ter um pensamento otimista quando estamos muito amargurados ou em situação crítica. O pensamento positivo pode se tornar enganoso e, em alguns casos, fazer com que percamos a visão de certas realidades tristes. Há "buracos negros" dos quais aparentemente é impossível escapar, por mais que gente como Hawking tente racionalizar a questão.

Laura descobriu isso da pior maneira. Porém, quando ela pensava que não havia mais solução para sua vida, algo mudou.

2

Ansiedade:
excesso de futuro

Alguns dizem que ansiedade é excesso de futuro, depressão é excesso de passado e estresse é excesso de presente. Agora imagine alguém que tenha excesso de tudo isso! Laura era essa pessoa.

Quando ela estava com apenas cinco anos de idade, o pai abandonou a família em troca de uma mulher bem mais nova que sua mãe. Ele foi embora e nunca mais voltou. A mãe de Laura teve que trabalhar duro para sustentá-la e manter a casa. Como não tinha a quem recorrer, deixava a menina em uma creche enquanto se desdobrava nos dois empregos que tinha conseguido a muito custo.

Laura sempre ouvia a mãe reclamar da falta de dinheiro; por isso, passou a ter medo do futuro. Temia que a mãe fosse embora como o pai havia feito. Receava perder a casa, o quarto, a vida. Ela não conseguia ficar tranquila. Vivia com a sensação de que um desastre estava prestes a acontecer. Simplesmente não conseguia controlar os pensamentos negativos.

Dois anos de uma rotina pesada acabaram cobrando um alto preço: a mãe de Laura adoeceu gravemente, vindo a falecer poucos meses depois. A menina se viu "abandonada" mais uma vez, e uma insegurança profunda inundou sua vida.

Adotada por uma tia distante, Laura cresceu sem o aconchego da mãe nem a proteção do pai. Tinha medo de tudo; pensar no futuro fazia seu coração palpitar.

Assim como Laura, a pessoa ansiosa sofre de um sentimento de total apreensão e preocupação que altera bastante a normalidade de sua vida.

As preocupações mais frequentes são as relações interpessoais, o trabalho, as finanças, a saúde e o futuro em geral. Muitas vezes, experimenta-se ansiedade generalizada quando não existe um motivo real para ela. Esse estado foge do controle da pessoa afetada, e a tendência é diminuir sua capacidade de vencer. A ansiedade pode surgir sem manifestações fisiológicas aparentes ou com evidências no organismo até chegar à síndrome do pânico.

A ansiedade e a depressão são os problemas de saúde mental mais comuns e crescentes. Nos grandes centros urbanos, uma em cada três pessoas sofre de ansiedade.[1] Infelizmente, as condições da vida atual parecem favorecer esses problemas que trazem muito sofrimento aos portadores dessas doenças, assim como a seus familiares. Existe algum jeito de prevenir a ansiedade?

Como prevenir e superar a ansiedade

Com frequência, os sintomas dos transtornos de ansiedade não se manifestam até que uma situação estressante desencadeie a crise. A boa notícia é que existem atividades preventivas de fácil execução que podem evitar o surgimento da ansiedade, além de acalmar os sintomas quando eles aparecem:

Fale sobre seus problemas – Procure conviver com pessoas em estreita relação de amizade, com as quais você possa compartilhar amplamente suas experiências. Os que estão sempre isolados correm maior risco de sofrer com a ansiedade. Se esse for seu caso, mantenha um bom relacionamento com algum familiar ou amigo que possa suprir sua necessidade de companhia.

Pratique o relaxamento – A tensão acompanha todas as formas de ansiedade, e é indispensável saber como conseguir relaxar de maneira sistemática e habitual. Vamos falar mais sobre isso depois.

Use a respiração como meio de evitar a tensão – É surpreendente como alguns exercícios simples de respiração pausada, profunda (do ventre até o tórax) podem proporcionar calma diante de uma situação de ansiedade ou angústia, evitando complicações.

Alimente-se adequadamente – Pesquisas mostram que evitar a hipoglicemia e se alimentar de proteínas no desjejum são atitudes que mantêm o equilíbrio bioquímico do organismo e previnem os pensamentos ansiosos. Portanto, coma alimentos saudáveis e comece o dia com um bom desjejum: leite de soja, pão integral e frutas frescas, por exemplo.

Procure grupos de ajuda – São grupos de pessoas com problemas semelhantes. Em muitas cidades há grupos de terapia organizados. Nesse contexto, você aprenderá muito com a experiência dos outros, e eles poderão compreender muito bem suas dificuldades.

Pesquisas clínicas[2] nos levam à conclusão de que as técnicas de maior êxito no tratamento da ansiedade são fundamentadas na psicologia cognitivo-comportamental. Leia algumas delas a seguir:

Parada do pensamento – É comprovadamente eficaz, especialmente em assuntos que provocam a ansiedade. Se, por exemplo, o motivo da ansiedade for o medo de contrair uma doença fatal, identifique os pensamentos relacionados a esse temor (digamos, a doença de um familiar) ou qualquer ideia que dê início a uma cadeia de preocupações que acabem ocasionando ansiedade. No primeiro indício de aproximação desse pensamento, diga "não!" e pense em outra coisa ou realize uma atividade que possa distrair a mente.

Dessensibilidade sistemática – Consiste em aprender as técnicas de relaxamento até poder enfrentar a ansiedade em estado relativamente tranquilo. Essa tarefa começa com o pensamento, continua com uma advertência da situação de ansiedade e, finalmente, combate a ansiedade real. Em outras palavras, a ideia é repensar o problema em outro momento, até encarar a situação real. A possibilidade de êxito é muito grande, e o procedimento é rápido, mas requer apoio de um psicólogo.

Essas técnicas podem ser eficientes, mas não deixam de ser superficiais. Muitas vezes, os problemas de ansiedade podem ter raízes profundas, como no caso de Laura. Nessas circunstâncias, é preciso combater a causa do problema e não apenas os sintomas.

Tipos de ansiedade e seus sintomas

Ansiedade generalizada – Pode apresentar três ou mais dos sintomas abaixo, na maioria dos dias nos últimos seis meses:
- Sensação de inquietação ou "nervosismo".
- Fadiga.
- Dificuldade para se concentrar.
- Irritabilidade.
- Tensão muscular.
- Alterações no sono.

Ansiedade com crise de pânico – Pode apresentar quatro ou mais dos sintomas abaixo. Devem ser desenvolvidos abruptamente e alcançar um pico em dez minutos.

- Palpitações ou ritmo cardíaco acelerado.
- Sudorese.
- Respiração ofegante.
- Tremores ou abalos.
- Calafrios ou ondas de calor.
- Sensação de asfixia.
- Sensação de pavor.

- Dor ou desconforto torácico.
- Enjoos ou desconforto abdominal.
- Sensação de tontura.
- Boca seca.
- Medo de perder o controle ou de enlouquecer.
- Medo de morrer.
- Sensação de formigamento.

Causas profundas da ansiedade

Sabe-se por experiência que a insegurança e a sensação de fracasso são causas profundas da ansiedade. Laura procurava ser bem-sucedida em tudo o que fazia justamente porque se sentia insegura e fracassada. Também é comum encontrar o sentimento de culpa como responsável final dessas manifestações, daí a importância do perdão tanto para nós como para os que precisamos perdoar.

A insegurança pessoal e a sensação de fracasso têm que ver com a baixa autoestima. Quanto à pessoa com sentimento de culpa, é importante examinar o passado e procurar receber o perdão das pessoas ofendidas, ou melhor, modificar completamente a própria conduta, se essa foi a causa da inquietação. O Espírito Santo, nosso Consolador, ajuda muito nesse processo (João 14:16, 26). A pessoa que aceita Deus como fonte de perdão recebe amplo benefício por meio da oração. Trata-se de uma experiência reconciliadora que nos ajuda a esquecer inteiramente o passado e nos oferece um novo começo.

O ponto da virada

A pequena órfã Laura cresceu. Foi no tempo do ensino médio que sua vida teve uma reviravolta. A tia que a criou não acreditava em Deus e havia ensinado para a sobrinha que o Universo e a vida tinham simplesmente *surgido* há bilhões de anos. Para Laura, os seres humanos eram resultado de um "acidente cósmico", vindo à existência por uma conjunção de fatores, por pura sorte. É claro que essas ideias contribuíam para tornar a vida dela ainda mais sem sentido.

Quando adolescente, Laura gostava de caminhar em uma praia perto de sua casa. Frequentemente, ela andava até o sol se pôr e se deitava na areia para ver as estrelas aparecerem no céu. A menina era inteligente e conhecia alguma coisa de astronomia e cosmologia. Na falta de amigos, os livros muitas vezes lhe serviam de companhia. Sabia que a existência do Universo depende de leis finamente ajustadas, de parâmetros muito precisos sem os quais toda a realidade à sua volta se desintegraria. Olhar para o céu estrelado levava sua mente à estranha conclusão de que, se existe um mecanismo, um relógio, tem que existir um relojoeiro. Mas, se o Relojoeiro não existe; se não há algo ou alguém que tenha criado tudo e que administre tudo, acima de todos, que sentido teria sua vida? Que esperança haveria para o próprio Universo?

Laura tinha consciência da total falta de futuro para a vida, segundo a visão naturalista. Ela sabia que, se a Terra não fosse destruída por uma tempestade solar ou os humanos não acabassem por se extinguir em uma guerra insana, no fim das contas, ou o Universo entraria em colapso, sendo esmagado sobre si mesmo, ou se expandiria indefinidamente, consumindo toda a energia, sendo incapaz de manter qualquer ser vivo. Viver seria uma ilusão? A maioria das pessoas evita pensar nisso justamente porque não quer viver de ilusão. Contudo, acabam fazendo justamente o que querem evitar: vivem de ilusões, de prazeres momentâneos, de conquistas passageiras, de sonhos artificiais inventados pela indústria do cinema, dos jogos, do entretenimento. É melhor ignorar a realidade fria enquanto se vive uma realidade ilusória consentida. Se para ser feliz ela precisava entrar nesse jogo, nessa caverna, era o que ela faria. Lutaria para ser bem-sucedida e independente. O abandono e a morte não a afetariam, pois não viveria para ninguém. Seria uma boa profissional. Ganharia seu dinheiro. E, depois... Bem, depois chegaria seu fim. Ponto final.

Laura progrediu financeira e academicamente, como havia planejado. Concluiu curso superior, mestrado, conseguiu um bom emprego, subiu na hierarquia da empresa e conquistou um cargo invejável. Mas a ansiedade não desapareceu. Lá no fundo da sua mente, ainda havia um clamor por um sentido para viver. Sem se dar conta disso, Laura acabava transferindo para seus liderados toda sua ansiedade, seu estresse e suas frustrações. Ela era extremamente exigente e, às vezes, até injusta.

O ponto da virada na vida de Laura ocorreu quando ela conheceu uma colega na empresa que lhe pareceu diferente de todas as demais pessoas que trabalhavam ali. Ela era calma, alegre, confiante e sempre tinha uma palavra de ânimo. Laura ficava intrigada com a fonte de esperança que parecia jorrar daquela moça. As duas se tornaram amigas. Conversando com ela, Laura descobriu que o cristianismo é uma religião coerente e que a Bíblia é um livro confiável, cujo pano de fundo histórico é confirmado por dezenas e dezenas de achados arqueológicos. Laura descobriu que a crença criacionista, segundo a qual Deus criou o Universo e a vida, não se trata de uma "história infantil".

Há argumentos filosóficos e científicos consistentes que desafiam seriamente a visão naturalista ateia na qual ela havia crido até ali.

Vários textos bíblicos garantem que Deus existe e mantém a vida de todas as Suas criaturas. Foi uma descoberta muito especial para Laura a de que ela não se tratava de um acidente cósmico, existindo por mero acaso. Não! Ela havia sido planejada. A vida dela, finalmente, tinha um propósito! Ela estava descobrindo de onde tinha vindo, por que existia e para onde iria.

Mas houve uma descoberta ainda mais libertadora para a jovem Laura. Lendo alguns livros, ela se deu conta de que intelectuais como Sigmund Freud e C. S. Lewis haviam tido problemas com os pais na infância e que essa relação ruim terminou por contaminar a visão deles a respeito de Deus. O resultado foi que ambos se tornaram ateus. Lewis, a certa altura da vida, passou pela experiência da conversão, que causou uma verdadeira revolução interior: mudança do coração, dos pensamentos e dos sentimentos. Lewis superou o passado e perdoou o pai. Freud, quanto se saiba, nunca passou por uma experiência desse tipo. Continuou ateu, embora a "ideia de Deus" sempre o incomodasse.

Laura se viu nesses dois personagens e em tantas outras pessoas que atribuíam a Deus qualidades e defeitos dos pais. Para Laura, Deus a tinha abandonado havia muito tempo. Mas essa percepção não correspondia à realidade. Quem a tinha abandonado fora o pai de carne e osso. O Pai do Céu sempre estivera ao lado dela, e ela apenas não havia percebido isso.

Essa é uma realidade que se aplica também a você. Não importa o mal que lhe tenham feito na infância – se sofreu abuso de uma pessoa próxima ou foi assediado por alguém. Deus não é essa pessoa! Deus nunca vai nos prejudicar. Ele é o Pai de amor. Só quer o nosso bem eterno.

Laura finalmente tinha descoberto que Deus existe, a amava e estava ao lado dela. Saber disso tirou de suas costas um peso acumulado havia muitos anos. Ela ainda descobriria muitas coisas importantes que ajustariam seu foco e a colocariam no caminho da restauração. Naquele momento, porém, o Espírito Santo de Deus estava plantando em seu coração uma semente – duas ideias que não lhe saíam da cabeça: ela precisava perdoar pessoalmente o pai e dar outro tratamento às pessoas com quem convivia e a quem liderava no trabalho. A terapia divina estava surtindo efeito na vida dela.

Terapia divina

Laura era a ansiedade em pessoa. O temor, o abandono e a insegurança vividos no passado ajudam a entender por que ela era assim. A ansiedade sobrevém por medo do futuro. Ninguém sabe o que acontecerá amanhã.

Somente Deus conhece o futuro. Isso tem levado muitas pessoas a colocar sua fé e confiança no Todo-Poderoso que ama e protege aqueles que O aceitam. O tratamento divino tem três aspectos:

Individual – A pessoa precisa exercer influência sobre sua vida interior, refletindo sobre o fato de que a vida não se resume a nascer, viver e morrer. Essa reflexão abre espaço para uma perspectiva que vai além do aqui e agora. Ela inclui a compreensão do destino da família humana e, especialmente, do plano de Deus para a salvação eterna, como é explicado na Bíblia.

Isso também ajuda a pessoa a adquirir uma perspectiva de longo prazo que lhe dá confiança na vitória do bem sobre o mal. Como medida de auxílio imediato, a terapia divina se utiliza da reflexão em versículos bíblicos claros e cheios de força, como, por exemplo: "Mil poderão cair ao seu lado, dez mil à sua direita, mas nada o atingirá" (Salmo 91:7).

Social – Não é somente pela adoração em comunidade e pelas palavras de outras pessoas que Deus pode intervir. Ele também faz isso pelo exemplo e pela atitude que essas pessoas demonstram. O Espírito Santo pode usar essas pessoas para fazer sua "terapia". Finalmente, seria bom dizer que Deus também pode usar profissionais qualificados capazes de utilizar técnicas e estratégias que podem ser abençoadas por Deus para que surtam efeito.

Divino – O aspecto divino abrange o relacionamento pessoal entre o ser humano e Deus. Encontra seu maior apoio na oração. A oração, mais que a repetição de frases, consiste em falar com Deus como a um amigo e conselheiro; é falar dos temores, ansiedades, dúvidas e problemas, como também agradecer ao Criador as coisas boas da vida. A oração sincera tem ajudado muitos a crescer na fé, o que é incompatível com a ansiedade e a incerteza. Fé, na realidade, significa confiança em Deus. Quanto mais conhecemos Deus, por meio da oração e do estudo da Bíblia, mais desenvolvemos essa confiança e mais nossa fé se fortalece.

Segurança quanto ao futuro

Uma das grandes dúvidas de Laura em sua adolescência, quando olhava para o céu deitada na areia da praia, tinha que ver com o futuro. Os livros científicos que havia lido, ainda que fossem úteis em alguns aspectos, não traziam esperança alguma de futuro, como vimos. De uma forma ou de outra, o Universo um dia chegaria ao fim. Para uma pessoa ansiosa, dizer que o amanhã terminará em nada oferece tanto consolo quanto dizer a um depressivo que é possível escapar de um buraco negro.

Laura avaliou suas descobertas recentes: havia sérias razões para ela acreditar que Deus existe e que a ama, independentemente de quem ela fosse ou do que tivesse acontecido com ela no passado. Deus Se revelou de modo especial na Bíblia Sagrada, e há muitas boas razões para crer que esse livro singular é realmente confiável. Uma delas é justamente o que esse livro diz sobre o futuro.

Em conversas e estudos com sua colega de trabalho, Laura descobriu que a Bíblia contém mais de 2.500 referências a um evento futuro maravilhoso: a volta de Cristo. Na verdade, o próprio Jesus prometeu: "Não se perturbe o coração de vocês. Creiam em Deus; creiam também em Mim. Na casa de Meu Pai há muitos aposentos; se não fosse assim, Eu lhes teria dito. Vou preparar-lhes lugar. E se Eu for e lhes preparar lugar, voltarei e os levarei para Mim, para que vocês estejam onde Eu estiver" (João 14:1-3).

No momento em que Jesus voltava para o Céu, depois de ter passado três décadas aqui na Terra, morrido na cruz e ressuscitado, dois anjos foram encarregados de consolar os discípulos: "Galileus, por que vocês estão olhando para o céu? Este mesmo Jesus, que dentre vocês foi elevado ao céu, voltará da mesma forma como O viram subir" (Atos 1:11). De que forma? Pessoalmente, visivelmente, entre as nuvens e rodeado de anjos. Será o evento mais espetacular da história!

Apocalipse 1:7 diz que todo olho verá Jesus, quer a pessoa creia ou não. Laura compreendeu que não seria inteligente da parte dela desprezar as várias profecias relacionadas à volta de Jesus e cumpridas à risca. Ela se convenceu da promessa de que Ele virá.

Na verdade, a Bíblia nos ensina "a viver de maneira sensata, justa e piedosa nesta era presente, enquanto aguardamos a bendita esperança: a gloriosa manifestação de nosso grande Deus e Salvador, Jesus Cristo" (Tito 2:12, 13).

Outro assunto que deixou Laura aliviada foi a questão do chamado "inferno eterno". Em seu livro *Vida para Sempre*, Robert Leo Odom compara: "Suponha, por exemplo, que o juiz de sua comarca sentenciasse um homem declarado culpado de assassinato a ser torturado continuamente dia e noite com água escaldante e ferros em brasa, a fim de mantê-lo sofrendo constantemente a mais torturante dor. O que os meios de comunicação teriam a dizer sobre isso? Qual seria a reação das pessoas em geral para com esse tipo de punição? Faria sentido dizer que nosso Criador, que é um Deus de justiça e amor, poderia ser um monstro de crueldade pior do que o mencionado?" (p. 68).

O dogma do tormento eterno apenas depõe contra o caráter justo e amoroso de Deus. A Bíblia afirma que, após o julgamento final, os ímpios serão consumidos (Apocalipse 20:8, 9) e se tornarão cinzas (Malaquias 4:1-3), por escolha própria, como resultado de sua rebeldia. Então, como entender a expressão "fogo eterno"? Odom explica: "Não é o sofrimento que será eterno, e sim o fogo que Deus usou para destruí-los que será eterno em seu efeito. [...]. Ele quer dizer, através da expressão 'inextinguível' [Lucas 3:17], [que é] um fogo que nenhum ser humano pode extinguir ou apagar" (p. 69; ver também 2 Pedro 3:7, 10). Um bom exemplo de punição é o que sucedeu a Sodoma e Gomorra – elas foram destruídas por um "fogo eterno" (Judas 7). Essas cidades não estão queimando hoje em dia. Foram extintas.

Laura ficou muito feliz em compreender isso. Essa era outra barreira entre ela e o Deus que não conhecia. Quando pensava no mito do inferno de fogo eterno, ela não conseguia imaginar um Pai de amor. Era contraditório e ilógico. Mas a Bíblia nada tem que ver com esse mito. O futuro que ela apresenta para os remidos é em um lugar e tempo em que não mais haverá "morte, nem tristeza, nem choro, nem dor" (Apocalipse 21:4).

Para vencer a ansiedade, o acompanhamento profissional fez muito bem para Laura, mas seu recém-adquirido conhecimento do Deus da Bíblia e da esperança da volta de Jesus foi determinante para a paz que passou a reinar em sua vida. A partir de então, ela não teve mais medo do futuro, pois entendeu que Deus cuida e sempre cuidará dela, como um bom pai que nunca abandona seus filhos.

---

[1] A. J. Baxter et al, "Global prevalence of anxiety disorders: a systematic review and meta-regression". Psychological Medicine (2013): 43(5), 897-910. DOI: 10.1017/S003329171200147X.

[2] F. Hohagen et al. "Combination of behavior therapy with fluvoxamine in comparison with behavior therapy and placebo. Results of a multicentre study". Br J Psychiatry Suppl. 35:71-78 (1998); K. O'Connor, et al. "Cognitive-behaviour therapy and medication in the treatment of obsessive-compulsive disorder: a controlled study". Can J Psychiatry, 44:64-71 (1999); K. Salaberria, E. Echeburúa, "Long-term outcome of cognitive therapy's contribution to self-exposure in vivo to the treatment of generalized social phobia". Behav Modifi, 22:262-284 (1998); A. Stravynski, D. Greenberg, "The treatment of social phobia: a critical assessment". Acta Psychiatr Scand., 98:171-181 (1998).

Ansiolíticos bíblicos

"O próprio Senhor irá à sua frente e estará com você; Ele nunca o deixará, nunca o abandonará. Não tenha medo! Não desanime!" (Deuteronômio 31:8).

"Não fui Eu que lhe ordenei? Seja forte e corajoso! Não se apavore, nem desanime, pois o Senhor, o seu Deus, estará com você por onde você andar" (Josué 1:9).

"Quando a ansiedade já me dominava no íntimo, o Teu consolo trouxe alívio à minha alma" (Salmo 94:19).

"Por isso não tema, pois estou com você; não tenha medo, pois sou o seu Deus. Eu o fortalecerei e o ajudarei; Eu o segurarei com a Minha mão direita vitoriosa" (Isaías 41:10).

"Não andem ansiosos por coisa alguma, mas em tudo, pela oração e súplicas, e com ação de graças, apresentem seus pedidos a Deus" (Filipenses 4:6).

"Não se preocupem com sua própria vida, quanto ao que comer ou beber; nem com seu próprio corpo, quanto ao que vestir. Não é a vida mais importante que a comida, e o corpo mais importante que a roupa? Observem as aves do céu: não semeiam nem colhem nem armazenam em celeiros; contudo, o Pai celestial as alimenta. Não têm vocês muito mais valor do que elas?" (Mateus 6:25, 26).

3

Depressão:
excesso de passado

No ano de 2009, milhões de pessoas ficaram encantadas com as cenas do mundo idílico concebido pelo roteirista e diretor de cinema James Cameron, em seu filme "Avatar". O que ninguém poderia imaginar é que muita gente acabaria, depois, sofrendo de "depressão pós-Avatar". Foram criados sites na internet nos quais os fãs desabafavam seus lamentos por não viver em Pandora, um planeta muito melhor do que a Terra. Houve até quem pensasse em cometer suicídio, na esperança de "renascer" em um mundo semelhante ao do filme!

Esse é mais um exemplo, entre muitos, do poder de influência da mídia, especialmente das produções cinematográficas. Da mesma forma, as pessoas querem fugir da realidade e viver em mundos de sonhos. Há quem não passe uma semana (ou até mesmo um dia) sem imergir em algum filme. Há outros que aguardam com ansiedade o capítulo seguinte da novela ou da série preferida. Milhões deixam tudo de lado para não perder a partida do "time do coração". O que dizer das horas e horas gastas com *videogames* ou em trivialidades na internet? Tenta-se preencher o vazio da alma com alimento desprovido de nutrientes, refinado em indústrias que só pensam no dinheiro que vão arrecadar. A "depressão pós-Avatar", assim como tantas outras, é sintomática. Mostra que as pessoas estão com saudades de algo, mas não sabem do quê.

Outro comportamento que pode levar à depressão e até gerar pensamentos de suicídio é o sexo casual. Uma pesquisa feita pela Universidade do Estado da Califórnia com 3,9 mil estudantes mostrou que as pessoas que praticam sexo fora de um contexto de romantismo e compromisso se mostravam mais estressadas, com problemas de depressão e ansiedade. Os pesquisadores acreditam que esse estresse seja resultado de sentimentos de culpa.

As causas da depressão variam muito. Às vezes, são até difíceis de ser identificadas. Este é um mundo não ideal, e, quanto mais longe do propósito do Criador, mais as pessoas pagam um alto preço por um senso de inadequação, ou mesmo, por sua teimosia.

Somente quem enfrentou ou enfrenta um quadro depressivo consegue entender o que significa perder o sono sem motivo aparente ou dormir mais de 12 horas seguidas, sem vontade de acordar; chorar muito e sem motivo "justificável"; não ter capacidade de fazer aquilo de que mais gosta, sentindo-se incapaz, inapto; ter maus pensamentos e perder a vontade de viver; alimentar senso de culpa por coisas sem importância, bem como a sensação de fracasso; viver trancado dentro de si, em meio a sombras. Na verdade, isso significa não mais viver, apenas existir. Nesse ponto, pensamentos suicidas não são incomuns.

A depressão é o mal que predomina nas consultas psiquiátricas e de psicologia clínica. Em breve, ela poderá ocupar o segundo lugar entre as causas de doenças e de incapacidade, ficando atrás apenas dos problemas cardiovasculares.

Com suas variações correspondentes, a depressão afeta crianças, jovens, adultos e idosos; homens e mulheres; pessoas de todas as classes; ricos e pobres. A Organização Mundial da Saúde (OMS) calcula que há mais de 100 milhões de pessoas deprimidas no mundo.

Sofrer um grande desgosto, ter preocupação excessiva ou sentir-se estressado pelo excesso de trabalho não significa necessariamente estar com depressão. Entretanto, essas alterações emocionais podem ser o início dela, e é necessário estar atento para que não se prolonguem demasiadamente.

Os sintomas da depressão são vários, e o diagnóstico não é confirmado como tal até que apareçam vários deles de forma regular no período de duas semanas e, ao menos, um dos sintomas deve ser a tristeza ou a perda de interesse ou prazer. Entretanto, o surgimento de apenas um sintoma deve servir de alerta para se tomar uma providência antes que a solução se torne mais difícil.

Como prevenir a depressão

Busque apoio social – A depressão é pouco frequente nos círculos em que há fortes laços de relacionamento, sejam familiares, de trabalho, conjugal ou de amizades. Portanto, é importante fazer parte de uma família feliz, estar rodeado de bons amigos, ter bom ambiente de trabalho, pois essas coisas são proteções contra a depressão. Porém, como alcançar isso tudo? É o que veremos ao longo deste livro.

Mantenha uma vida ativa – É surpreendente como o estado de ânimo debilitado pode mudar rapidamente quando você se ocupa com alguma atividade. Para evitar a depressão, tome uma atitude e atue de alguma forma. Ocupe-se com tarefas que lhe tragam satisfação e que sejam produtivas e edificantes: coloque em ordem sua casa, conserte alguma coisa, converse ao telefone com alguém especial. Se puder, pratique esporte ou exercício físico aeróbico. A fadiga, nesse caso, é fonte de saúde e bom humor.

Pense corretamente – Conforme as pessoas se centralizam no aspecto sombrio ou no lado positivo das coisas, têm maior ou menor propensão para a depressão. Pensar é um hábito como qualquer outro e deve ser cultivado para se evitar a análise negativa das situações.

Olhe para o passado com prudência – O passado pode ser fonte de depressão ou de bem-estar emocional. Em vez de pensar nas dificuldades, alegre-se com os tempos e acontecimentos felizes. Se existe algum trauma do passado (abuso sexual, rompimentos, etc.), procure um psicólogo ou psiquiatra que possa ajudar você a elaborar uma forma de superação do ocorrido.

Além de poder ser causada por uma vida tortuosa ou pela frustração alimentada por fantasias, a depressão pode ser também considerada "excesso de passado". Era justamente esse o problema de Carlos.

"Fantasmas" do passado

Carlos sempre fora considerado um homem forte e enérgico, tanto que, devido a essas qualidades e à sua estatura de quase um metro e noventa, os amigos o chamavam de "Carlão". Porém, os anos de uma vida problemática, regada a bebedeiras, festas e relacionamentos amorosos passageiros acabaram cobrando a conta. Com pouco mais de 70 anos, Carlão era apenas uma sombra do que havia sido. Passava a maior parte do tempo sentado em uma cadeira de rodas, em silêncio, remoendo os pensamentos, enquanto o tempo passava lentamente na casa de repouso que ele nunca esteve disposto a chamar de lar. O corpo, antes atlético, movia-se arqueado pelo peso das memórias.

Carlos havia sido diagnosticado com câncer terminal. Nos últimos anos, sofria uma depressão profunda. Era homem de pouca conversa e nunca recebia visitas de parentes. Parece que todos o haviam abandonado quando a festa de sua vida teve fim.

Carlão procurava abafar a voz da consciência. Nunca quis dar o braço a torcer e admitir que somente uma vez havia experimentado alguma coisa parecida com felicidade. Por mais que procurasse negar, seus pensamentos sempre se voltavam para uma única mulher, a primeira namorada e ex-esposa, a quem não soube dar o devido valor. Ela não mais estava por perto para ouvir suas reclamações e a conversa sobre "viver a vida", longe das "amarras" de uma família, da preocupação com filhos e dos carinhos de uma mulher apenas. Como ele esteve enganado! Como foi capaz de comprar uma mentira como se fosse verdade?

Carlos não sabia que, mesmo que Deus decidisse não lhe conceder a cura, poderia perdoá-lo de todos os pecados e conceder-lhe a salvação eterna. Foi o que Jesus garantiu ao ladrão crucificado a Seu lado, que Lhe suplicou: "Lembra-Te de mim quando entrares no Teu reino." Jesus respondeu que ele estaria no paraíso (Lucas 23:42, 43).

Infelizmente, Carlos não sabia disso e pensava em desistir de si mesmo.

Suicídio

De acordo com a Organização Mundial de Saúde (OMS), o suicídio é a causa da morte de mais de 800 mil pessoas por ano, ficando na frente da aids. A cada três segundos, uma pessoa atenta contra a própria vida. No Brasil, estima-se que 32 pessoas cometam suicídio todos os dias. Cerca de 30% dos casos têm que ver com a depressão.

Com o objetivo de esclarecer o tema, a OMS divulgou uma campanha[1] com mitos e verdades sobre o suicídio. A campanha, por exemplo, se refere ao mito de que a pessoa que fala do assunto não pretende se suicidar. Em relação a esse ponto, a realidade é que pessoas que falam sobre suicídio podem estar procurando ajuda, pois, frequentemente, sofrem com ansiedade, depressão e falta de esperança.

Outro mito é o de que a maioria dos suicídios acontece sem aviso. A verdade, porém, é que grande parte dos suicidas dá avisos ou emite sinais. Por isso, é importante conhecer esses sintomas e identificá-los na conduta de quem está a nossa volta.

A OMS esclarece, também, que pensamentos suicidas não são permanentes. Uma pessoa que pensou em se matar pode continuar vivendo por muito tempo.

Outro equívoco "clássico" é o de pensar que somente pessoas com distúrbios mentais podem cometer suicídio. Em realidade, muitas pessoas que têm problemas mentais não manifestam comportamento suicida. Por outro lado, nem todas as pessoas que tiram a própria vida possuem distúrbios mentais.

Segundo a campanha, conversar abertamente sobre suicídio não encoraja o ato. Pelo contrário, isso pode ajudar a pessoa com tendências suicidas a analisar outras opções e dar-lhe tempo para repensar a decisão de tirar a vida.

Suicídio nem sempre se trata de exercício do livre-arbítrio, já que as pessoas que pensam em tirar a própria vida quase sempre estão com sua percepção da realidade alterada, e isso interfere em sua liberdade de escolha. Por isso, é muito importante tratar essa distorção da realidade a fim de prevenir o suicídio.

Outros dois mitos são o de que as pessoas que ameaçam se matar estão apenas querendo chamar a atenção, e que, quando alguém mostra sinais de melhora ou sobrevive a uma tentativa de suicídio, estará fora de perigo. Pelo contrário, os dias que se seguem após a tentativa de suicídio exigem cuidados, uma vez que a pessoa ainda permanece fragilizada.

Finalmente, há quem pense que a mídia não deveria tratar do tema do suicídio, pois acredita-se que isso estimularia os suicidas. Na verdade, segundo a OMS, a mídia *deveria* tratar desse assunto de saúde pública e abordar o tema de modo apropriado. As pessoas precisam estar informadas sobre o assunto e devem saber onde buscar ajuda. Além disso, é preciso analisar criticamente os conteúdos midiáticos, já que, infelizmente, existem músicas, programas, filmes e até jogos que podem incitar o suicídio. Especialmente os pré-adolescentes e os adolescentes devem receber atenção especial.

Segundo a OMS, é possível prevenir o suicídio em 90% dos casos. Existem locais preparados para oferecer ajuda. Há os Centros de Atenção Psicossociais (Caps) e os Centros de Valorização da Vida (CVV), que têm um serviço de prevenção ao suicídio por telefone (basta ligar para o 141) e pela internet.

Como vencer a depressão

O tratamento da depressão é realizado de duas formas: por meio da farmacologia e da psicoterapia. Na maioria dos casos, é indicado um tratamento farmacológico inicial prescrito por um médico ou psiquiatra. Ao mesmo tempo, é seguido um plano de intervenção psicológica que prepara a pessoa para sair da depressão e impedir que a doença se manifeste novamente.

Produtos farmacêuticos – Em casos mais graves, medicamentos antidepressivos podem trazer o alívio da dor psíquica e reduzir a tendência ao suicídio. Os antidepressivos agem sobre a química cerebral para equilibrar a atividade dos neurotransmissores. Em muitos casos, isso alivia os sintomas e pode fortalecer os efeitos da psicoterapia. Porém, às vezes, é necessário submeter o paciente a vários tipos de medicamentos até encontrar o mais indicado e esperar algumas semanas para sentir os resultados. Isso pode levar até quatro semanas, o que faz com que alguns pacientes abandonem os medicamentos sem supervisão médica, piorando o quadro. Além disso, os medicamentos antidepressivos podem produzir efeitos secundários de intensidade variada.

Depressão: excesso de passado

O medicamento psicotrópico é como uma "cunha" para um relógio que está adiantando ou atrasando demais. O grande problema é que ele não age na engrenagem defeituosa e sim na velocidade com que o relógio funciona. Por essa mesma razão, apesar de trazer efeitos prazerosos, o medicamento antidepressivo pode se tornar ineficaz e até perigoso, se usado de modo inadequado (veja o quadro no fim deste capítulo).

Então, encontramos uma das grandes barreiras para a cura da depressão: as pessoas não querem fazer algo que envolva mudança de hábitos e atitudes pessoais. Preferem se limitar a uma pílula. Isso gera uma situação em que o próprio medicamento, sem a perspectiva correta, pode dar a falsa sensação de melhora, mas se, por exemplo, a pessoa tiver tendência a manifestar um distúrbio bipolar (euforia/depressão), o medicamento errado pode exacerbar os períodos de euforia, sem necessariamente eliminar todos os comportamentos ou sintomas negativos.

Rotina diária – A elaboração de um programa de atividades é uma das estratégias mais comuns utilizadas pelos psicólogos. É como uma agenda à qual o paciente atenderá durante várias semanas. O psicólogo faz a elaboração com a ajuda do paciente e da família. Ao colocá-la em prática, o cliente ocupa o tempo necessário e adquire novos padrões de conduta para evitar a recaída. Um bom programa de atividades tem que levar em consideração os seguintes princípios:

• Escolher as atividades mais agradáveis e evitar, especialmente no princípio, as que são consideradas excessivamente difíceis.

• Buscar atividades com um componente social, por exemplo: é preferível uma reunião com amigos a um filme ao qual o paciente assista sozinho.

• Se for possível, não interromper o trabalho habitual, mas manter o emprego ou os estudos, reduzindo as horas e a intensidade.

• Na maioria dos casos, a ocupação manual é bem aceita. Por exemplo, marcenaria, costura ou jardinagem.

• Incluir o exercício físico sempre que a saúde do paciente permitir. O equilíbrio químico e hormonal produzido pelos medicamentos farmacêuticos também pode ser conseguido ou complementado com o esporte e a atividade física.

• A agenda do programa de atividades deve ser a mais detalhada possível (por exemplo: ocupação das 8h às 8h30, das 8h30 às 9h, etc.).

Forma de pensar – A cada dia se dá maior importância aos pensamentos no tratamento da depressão. Um dos objetivos mais almejados é ajudar a pessoa a ver as coisas de maneira correta e equilibrada. Os que sofrem de depressão tendem a:

• Ter objetivos e expectativas irreais, por exemplo: um homem que fica deprimido porque aos 50 anos não conseguiu ser bem-sucedido nos negócios.

• Destacar as faltas pessoais e minimizar as conquistas. Uma jovem ganha um concurso literário e, quando suas amigas a felicitam, insiste em dizer que poucos trabalhos foram apresentados, ou que lhe deram o prêmio por compaixão.

• Comparar-se com outros e se sentir inferior. Um jovem adulto se reúne com ex-colegas de classe e se sente profissionalmente inferior.

No tratamento de êxito, deve ser incluída a reestruturação do pensamento, uma vez que a depressão fortalece pensamentos negativos sobre a própria pessoa, no ambiente e no futuro. Portanto, evite todo pensamento de inferioridade e autocomiseração. Pense que grande parte de seu êxito depende do que você se propõe a fazer e que possui qualidades e capacidades pessoais de muito valor.

Na avaliação do ambiente, não se concentre nas imperfeições e nos perigos, mas nas coisas belas da vida e nos acontecimentos agradáveis. Certamente, há muitas coisas boas em que pensar. E, se houver coisas negativas, faça algo para suportá-las, em vez de ficar se lamentando.

Com respeito ao futuro, se alguém pode mudá-lo, é só você. Decida que vai ser feliz, e será. Repita: "Decidi ser feliz!" e abandone todo pensamento contrário desde a origem.

Apoio familiar – O tratamento profissional ganha muito se a família oferece apoio ao deprimido. É de vital importância que, se o cônjuge, filho ou algum outro membro da família sofre de depressão, o problema seja encarado seriamente. As seguintes orientações podem ajudar:

• Ouça-o com atenção e simpatia, pois isso por si só já produz efeito terapêutico.

• Nunca censure a pessoa, mas trate-a com calma e naturalidade.

• Ajude seu familiar a se manter ocupado. Passeios, entretenimentos, pequenos trabalhos, entre outras atividades, são importantes nesse processo.

• Anime a pessoa a nutrir a esperança de que sairá da depressão com dignidade.

• Apoie o tratamento médico, lembrando a importância de o paciente tomar os medicamentos. Evite também transmitir dúvidas, como: "Para que servem esses comprimidos?", "Por que você precisa ir ao psiquiatra? Você não está louco!" Se você tem dúvida quanto ao tratamento, fale com o médico e não com o paciente.

• Pode-se esperar uma grande aflição, especialmente se a pessoa piora e começa a dizer que não vale a pena viver e que gostaria de morrer.

• Vigie para que ela se alimente adequadamente e para que não faça uso de álcool.

Faça algo pelos outros – O depressivo pode prestar ajuda a outros. Isso oferece novo ânimo e tem resultados terapêuticos. Experimente consertar algo na casa de um amigo, fazer compras para uma pessoa idosa, visitar alguém hospitalizado ou fazer pequenos trabalhos voluntários. Agindo assim, você se esquecerá de seu próprio sofrimento e perceberá que existe gente com mais necessidades. Ajudar outras pessoas é uma forma de ajudar a si mesmo.

Olhe para o futuro com esperança – Se você está manifestando os sintomas da depressão, precisa entender que o futuro não está à mercê das circunstâncias. Fuja de todo sentimento de desespero e incapacidade.

Para Everton Padilha Gomes, cardiologista do Instituto do Coração do Hospital das Clínicas da Faculdade de Medicina da Universidade de São Paulo (Incor) e diretor do Estudo Advento (falaremos mais sobre esse projeto no capítulo 9), estar em depressão é como usar óculos escuros ao entardecer enquanto se dirige em uma estrada. Em certo momento, a pessoa terá a nítida impressão de que já é noite e que sua visão da estrada se encontra mais dificultada pela escuridão. Porém, se ela se lembrar de tirar os óculos escuros, verá que, na verdade, ainda existe muita claridade na pista. Literalmente, o médico diz: "O depressivo não perde a noção da realidade, mas a vê com tons mais graves. Ele enxerga sob uma 'ótica' bem mais pessimista que a maioria das pessoas. Nesses momentos, sempre aconselho essas pessoas a 'darem um desconto' a si mesmas e a entenderem que a realidade é menos obscura do que imaginam."

Explique os fracassos com realismo – Seja consciente de seus pontos fortes e fracos. Analise as situações de forma equilibrada. Por exemplo, se você não teve êxito em uma tentativa de emprego, não pense que é inútil, mas observe se existe muita dificuldade ou se os candidatos são muitos. Da próxima vez, procure se preparar melhor para uma função almejada.

Assuma o controle dos acontecimentos futuros – Se a origem de seus problemas é, por exemplo, familiar, não pense que não há mais solução para os relacionamentos. Você pode fazer algo para melhorar sua maneira de se comunicar e esquecer as pretensões puramente egoístas. Essas são formas reais de melhorar o futuro.

Terapia divina – Confiar em Deus como um Ser disposto a ajudar, proteger, facilitar e favorecer aqueles que O procuram é o primeiro passo para se beneficiar da espiritualidade. Essa convicção produz um relacionamento com a Divindade que inspira paz interior. É o mesmo sentimento de um pequeno menino que vai de mãos dadas com seu pai por um caminho pedregoso: não tem medo porque sente segurança em uma mão forte. Da mesma forma, no caminho da vida, a pessoa que confia em Deus sabe que há riscos de todo tipo, mas sua fé no Criador a faz olhar para o futuro com serenidade, porque tem certeza de que seu Pai Celestial a protegerá.

Ajudas específicas no caminho da vida incluem: a oração a Deus, como falar a um amigo com quem se compartilha as aflições, e a leitura da Bíblia, com suas histórias e mensagens que trazem paz interior. Selecione alguns textos curtos e tente memorizá-los para se lembrar deles em situações de crise. Finalmente, procure se aproximar de pessoas que compartilham desses ideais. Essa associação poderá servir como fonte de apoio para melhorar sua confiança em Deus.

Em um estudo realizado na cidade de São Francisco, nos Estados Unidos, referente ao terremoto que abalou a cidade em 1989, ficou claro que as pessoas que usaram um sistema de apoio social para combater as sequelas psicológicas do terremoto manifestaram níveis mínimos de depressão e ansiedade. No entanto, as que haviam se isolado para pensar em seu destino infeliz atingiram níveis elevados de depressão. Isso se verificou não somente nos dias seguintes ao terremoto, mas também sete semanas após a catástrofe.

Se você costuma se isolar e pensar demasiadamente em suas angústias, mude de atitude ou estará se aproximando rapidamente da depressão. Assim, é recomendável que tenha um amigo e confidente a quem possa contar suas ansiedades.

Não culpe o passado

Os acontecimentos passados são muito importantes para explicar o mundo psíquico da pessoa, mas não devem ser determinantes para a saúde mental. É preciso aceitar o passado, que não pode ser mudado, e evitar a passividade de não fazer nada para melhorar. Sendo assim, nunca diga: "meu passado me predestina", "sou assim porque tive uma infância conturbada", "tenho esse problema porque meus pais não souberam me educar". Essa atitude compromete o processo de restabelecimento e bloqueia muitas fontes de ajuda e apoio.

Mesmo que a depressão costume requerer a intervenção médica e psicológica, as estratégias de autoajuda sempre são de grande benefício para apoiar o tratamento e a prevenção. Veja algumas dicas oportunas:

• *Conte com um amigo ou confidente* – Procure alguém que tenha apreço por você e o compreenda para conversar de modo natural. Refletir sozinho sobre os problemas particulares é a pior opção para o depressivo.

• *Mantenha-se ocupado* – Saia ao ar livre e pratique algum esporte. Ou, se preferir, fique em casa fazendo alguma atividade manual. As atividades não permitirão que sua mente se ocupe com pensamentos que fortaleçam a depressão.

• *Elimine completamente o álcool* – É costume geral "afogar as tristezas." Mas não se engane. Essa substância pode aliviar os sintomas apenas por algumas horas, no entanto, a ruína que causa à saúde física e mental é bastante grave.

É importante lembrar que o álcool desencadeia uma resposta estilo "bola de neve". O etanol "deprime" de uma forma geral a atividade dos neurônios cerebrais, tanto os que acompanham circuitos responsáveis pelo autocontrole, quanto aqueles que podem ajudar a pessoa a ter uma atitude positiva. A euforia do álcool é uma situação passageira, seguida por uma sensação de inadequação, culpa e inutilidade. A mesma sensação se dá com o uso da maconha, que recentemente foi associada com maior nível de procrastinação para homens e de pânico para mulheres.[2]

• *Mantenha uma dieta saudável* – Coma verduras, frutas frescas, cereais e legumes. Se não tem esse costume, será um pouco difícil no início, mas depois você se acostumará.

• *Previna-se da insônia* – Faça exercício físico, faça uma refeição leve e evite os pensamentos que lhe causem preocupação. Se algum dia tiver dificuldade para dormir, não fique impaciente. Acomode-se num sofá e leia um livro ou escute o rádio até que consiga dormir.

• *Pense em coisas boas* – Concentre-se naquilo que traz satisfação e tenha certeza de que toda a calamidade terá seu fim. Além disso, temos muitas coisas pelas quais agradecer. Elas devem ser motivo de nossa frequente lembrança.

• *Tenha uma atitude esperançosa* – A esperança é uma necessidade humana. Sem ela, surgem a dúvida, o medo e a ansiedade, fatores relacionados com a depressão. Os que têm esperança no futuro e mantêm relacionamento com Deus, que é paterno e amoroso, possuem uma poderosa arma contra a depressão.

O problema de Carlão, mencionado no início deste capítulo, é que ele se recusava a falar sobre seus medos e sentimentos, e a aproximação da morte piorava ainda mais seu quadro depressivo. Ele tinha uma âncora pesada prendendo-o ao passado e um túnel escuro e desconhecido à frente, que o enchia de medo e incertezas.

Diante da morte

Assim como os fãs de "Avatar", Carlão descobriu tristemente que Pandora não existe. Ele desperdiçou miseravelmente todas as oportunidades de viver feliz no mundo real. A esposa partira havia muitos anos, e a filha não queria vê-lo de jeito nenhum. Seu fim era certo, e ele não tinha sequer um consolo religioso, uma esperança.

Ah, se Carlos soubesse o que Laura havia aprendido sobre a vida após a morte! Pelo menos, poderia se firmar nessa esperança. Sim, porque a Bíblia, quando descreve a morte dos salvos, sempre o faz nas cores da esperança.

De fato, o último inimigo com o qual o ser humano se depara na vida é a morte. Ninguém consegue escapar dela. Talvez, por isso, haja tanta preocupação em torno do assunto. Há muitas teorias sobre o que ocorre com as pessoas após a morte. Para onde vão? Elas sabem alguma coisa a nosso respeito? É possível manter contato com os mortos? Jesus – que morreu e ressuscitou – é o único autorizado a falar sobre o assunto, e Ele o fez na Bíblia.

Para entender o que ocorre na morte, é preciso saber como o homem foi criado. Em Gênesis 2:7, está escrito: "Então, formou o SENHOR Deus ao homem do pó da terra e lhe soprou nas narinas o fôlego de vida, e o homem passou a ser alma vivente" (ARA).

É importante notar que o texto diz que "somos" uma alma vivente e não que "temos" uma alma. A palavra "alma", no original hebraico, é *nefesh*, que significa "ser vivente". Portanto:

PÓ DA TERRA + FÔLEGO DE VIDA = ALMA VIVENTE

Em Gênesis 3:19 se diz que, depois de morto, o ser humano volta ao pó. A equação, então, fica assim:

ALMA VIVENTE – FÔLEGO DE VIDA = PÓ DA TERRA

No momento em que o ser humano morre, o fôlego volta a Deus, e o pó volta à terra. A alma vivente deixa de existir, ou seja, morre.

De fato, por causa do pecado, a alma, ou seja, o ser humano, tornou-se mortal. Em Ezequiel 18:4 afirma-se que "a alma que pecar, essa morrerá". Somente Deus é imortal (1 Timóteo 6:15, 16).

Como a maioria das pessoas, Laura achava que talvez fosse possível manter contato com os mortos. Porém, ela aprendeu na Bíblia que os mortos permanecem em estado de inconsciência, incapazes de se comunicar com os vivos. Isso está bem claro em textos como Eclesiastes 9:5 e 6 e Salmo 146:4, entre outros. Sendo assim, os "espíritos de mortos" dos quais ouvimos são outras entidades (2 Coríntios 11:14; Apocalipse 16:14).

Para Laura, o texto bíblico mais interessante foi o que se refere à ressurreição de Lázaro. O relato está em João 11:11 a 14. Ali, Jesus chama a morte de *sono*, reafirmando o conceito de inconsciência nesse estado. Quando chama Lázaro da sepultura, em uma demonstração de que Ele realmente tem poder para ressuscitar qualquer morto, não importando o tempo em que essa pessoa tenha estado na sepultura, seu amigo Lázaro nada diz a respeito de qualquer coisa como Céu, inferno ou mesmo "corredores de luz". Lázaro estava morto, "dormindo" inconsciente, "descansando". Aliás, caso Lázaro estivesse desfrutando da vida eterna no Paraíso, seria uma tremenda injustiça da parte de Cristo chamá-lo de volta a esta vida triste e fazer com que ele, de novo, estivesse sujeito a doenças e à morte. Sem contar que o Paraíso não seria um lugar de felicidade se lá as pessoas pudessem contemplar os sofrimentos de seus parentes e amigos aqui no mundo, você não acha?

Morrer é "dormir" e aguardar inconscientemente pela ressurreição. Nada de ir imediatamente para o inferno nem para o Céu, muito menos reencarnar. Hebreus 9:27 e 28 é um texto muito claro: "Da mesma forma, como o homem está destinado a morrer uma só vez e depois disso enfrentar o juízo, assim também Cristo foi oferecido em sacrifício uma única vez, para tirar os pecados de muitos; e aparecerá segunda vez, não para tirar o pecado, mas para trazer salvação aos que O aguardam."

Sendo assim, muitos se perguntam onde e como teve início a mentira de que o homem não morre? Para obter essa resposta, temos que voltar ao livro das origens: Gênesis 2:16 e 17 e 3:4. Ali é dito que o Criador deixou bem claro para Adão e Eva que, se eles pecassem, ou seja, caso se desconectassem da Fonte de vida, a consequência disso seria a morte. Mas o inimigo de Deus, Satanás, como sempre faz, contradisse abertamente a palavra divina e garantiu a Eva que ela não morreria – mentira que ele vem perpetuando com a crença nos espíritos dos mortos e com as falsas aparições deles. Ao dar ouvidos à voz do Maligno, Eva pecou, Adão pecou e nós herdamos as consequências da triste escolha de nossos primeiros pais.

É claro que o bom Deus não nos abandonaria neste mundo de pecado, nos braços da morte. A Bíblia está repleta de promessas relacionadas com a ressurreição para a vida eterna das pessoas que aceitam o plano de salvação oferecido pelo Senhor. Textos como 1 Tessalonicenses 4:16 e 1 Coríntios 15:51 deixam bem claro que os mortos em Cristo serão ressuscitados com corpos imortais, por ocasião do retorno de Jesus, não antes nem depois. Aliás, outra coisa que a Bíblia deixa bem claro é que ninguém será "deixado para trás". Os que morreram na condição de salvos pela graça serão ressuscitados e subirão com Jesus para o Céu, conforme a promessa Dele mesmo (João 14:1-3), e os que desprezaram a salvação permanecerão mortos por mil anos neste planeta, aguardando o desfecho do juízo de Deus, conforme Apocalipse 20.

Sim, haverá duas ressurreições distintas (João 5:28, 29), separadas por um intervalo de mil anos. O que determina se participaremos da primeira ressurreição, por ocasião da volta de Jesus, é nossa relação com Ele hoje. Somente Nele há vida eterna (1 João 5:12; João 3:16). E somente ligados a Ele, como os ramos à árvore (João 15:1-9), poderemos também viver eternamente em um mundo no qual reinarão a paz e o amor (Apocalipse 21:4).

Ah, se Carlos soubesse de tudo isso! "O SENHOR está perto dos que têm o coração quebrantado e salva os de espírito abatido" (Salmo 34:18). Ele está disposto a perdoar todos os nossos pecados, oferecendo-nos vida eterna. Saber disso pode nos ajudar a enfrentar as tristezas, mágoas e decepções de nossa vida com muito mais força e coragem.

---

[1] "Preventing suicide: a global imperative", World Health Organization. Disponível em: <http://www.who.int/mental_health/suicide-prevention/world_report_2014/en>. Acesso em 9/2/2017.

[2] James G. Phillips; Rowan P. Ogeil, "Cannabis, alcohol use, psychological distress, and decision-making style". *Journal of Clinical and Experimental Neuropsychology*. 2016, Nov. 23:1-13. Epub.

Antidepressivos

Os medicamentos antidepressivos podem trazer algum alívio temporário aos tão desagradáveis sintomas da depressão. Entretanto, não curam a doença. A eliminação dos agentes que causam o estresse e a mudança de atitude e conduta por meio da ajuda psicoterapêutica contribuem significativamente para a cura.

O paciente que usa medicação antidepressiva não consegue sentir melhora antes de duas ou três semanas após o início do tratamento. Além disso, alguns dos seguintes efeitos secundários podem ser observados: problemas de desempenho sexual, alterações cardiovasculares, sonolência (ou insônia), visão turva, nervosismo, prisão de ventre, aumento (ou perda) de peso e secura na boca.

Vários estudos científicos discutem o efeito das medicações antidepressivas, especialmente sobre os casos leves e moderados, apontando para uma possível equivalência a mudanças no estilo de vida (luz solar e exercícios físicos) ou até mesmo o efeito placebo. Por outro lado, certos casos requerem tratamento medicamentoso rigorosamente controlado.

Em resumo, o fundamental é ser sempre orientado por um médico e investir em um estilo de vida mais saudável.

4

Estresse:
excesso de presente

Você se lembra do Paulo, do começo deste livro? Sim, aquele marido estressado que sempre chegava em casa aborrecido com a supervisora e que nunca tinha tempo para a esposa e os filhos. O grande problema dele é o estresse. Na realidade, esse é um problema cada vez mais comum na vida de milhões de pessoas.

O estresse faz parte de nossa vida diária. A pressão do tempo e do trabalho, os problemas de relacionamento, os ruídos, a poluição, as finanças, a insegurança são apenas algumas das causas do estresse.

Suas consequências não atingem somente o organismo, mas também a mente e as emoções. O estresse deve ser tratado com cautela, pois seus efeitos trazem grandes prejuízos e podem ser fatais. Por outro lado, em justa medida, o estresse é uma fonte de motivação que deve ser aproveitada. Os mecanismos do estresse liberam energia suficiente para se enfrentar quase qualquer situação. Alguns até fazem uma distinção, em inglês: *stress* como uma condição fisiológica, necessária e útil à vida e à sobrevivência; e *distress* como uma condição de desequilíbrio, prejudicial à saúde.

Um exemplo: a costureira Elvira sabe que sexta-feira é o dia da entrega de suas costuras e trabalha incansavelmente no dia anterior. Isso faz com que ela produza mais do que nos outros dias. Concentra-se melhor, trabalha mais rapidamente e com maior precisão; esquece até de comer, mas não chega a desmaiar. Na sexta-feira, entrega as roupas a tempo e relaxa com satisfação. O estresse é útil nessa ocasião, mas não se pode abusar dessa energia constantemente.

Os piores efeitos do estresse sobrevêm quando situações como essa se tornam prolongadas. É o caso de Paulo, que já ultrapassou a barreira de defesa. E, quando isso ocorre, o organismo começa a sentir as consequências. Como resultado, ocorre uma baixa na resistência do sistema imunológico, que nos protege das infecções. Assim, ficamos mais propensos a desenvolver todo tipo de doença. Agora imagine o estresse aliado à depressão. Do que essa dupla seria capaz? Teria sido esse o gatilho para o câncer do Carlão, do capítulo anterior?

Efeitos físicos e psicológicos do estresse

O estresse tem influência sobre diversas doenças, e o estado de desequilíbrio causado por ele enfraquece a mente e o corpo para enfrentar essas situações. O pensamento, as emoções e a conduta também sentem os efeitos do estresse excessivo.

Pensamento – dificuldade para pensar coerentemente, falhas de memória, falta de concentração, conceitos equivocados, etc.

Emoções – tensão constante, medo de contrair alguma doença, impaciência e irritabilidade, complexo de inferioridade, etc.

Comportamento – declínio na fluidez verbal, risco de uso de substâncias prejudiciais, ausência habitual na escola e no trabalho, dificuldade para dormir, problemas de relacionamento, etc.

Estresse permanente: grande perigo

Paulo ainda não havia chegado ao ponto de desenvolver uma doença física, mas estava a caminho disso. Ele precisava mudar urgentemente seu estilo de vida. Do contrário, o preço pago por ele e pela família seria alto demais. Quando o rendimento no trabalho é mantido à custa de alto estresse e grande tensão, perde-se a eficiência. E quando sua duração for ainda mais prolongada, surge o risco de sérios transtornos no organismo e na mente.

Em uma experiência feita com 400 participantes, todos em bom estado de saúde, verificou-se o nível de estresse deles por 12 meses. Foi-lhes administrado um *spray* nasal que continha cinco tipos de diferentes vírus do resfriado comum. A seguir, foram examinados diariamente para analisar a presença ou ausência do vírus nas vias respiratórias e os possíveis sintomas de resfriado. Veja os resultados:

• Foram encontrados vírus em quase todos os participantes.
• Apenas a terça parte deles contraiu resfriado.
• Quanto maior o nível de estresse, maior a quantidade de vírus.

• Quanto maior o nível de estresse, maior a manifestação de sintomas.

• Os classificados com alto grau de estresse contavam com o dobro de possibilidade de contrair resfriado.

• O efeito do estresse era significativo, mesmo depois de eliminar variáveis importantes como a idade, prática de exercícios, dieta e consumo de álcool e fumo.

Como prevenir o estresse

O bom uso do tempo previne o estresse, e precisamos saber como organizá-lo. O tempo é um dos bens que todos recebemos na mesma medida, e seu bom uso depende da maneira como cada um o utiliza. O que fazer para utilizá-lo equilibradamente?

Seja realista – Você conhece o ditado: "Não se pode dar um passo maior do que a perna." Esse pensamento adverte contra a pretensão de fazer muitas coisas ao mesmo tempo, pois elas acabam sendo malfeitas. É preciso fixar objetivos que possam ser realizados no tempo disponível.

Estabeleça prioridades – Conhecendo as prioridades, fica mais fácil se concentrar nas tarefas mais importantes. Isso tem muito que ver com seus valores e crenças. Que posição o dinheiro ocupa em sua vida? Qual a importância de seu trabalho? Como você considera seus relacionamentos familiares? Julga valiosa a ajuda de outras pessoas? Demonstra em sua vida valores religiosos? Dependendo de suas respostas, você destinará o tempo adequado para cada aspecto.

Diversifique suas tarefas – Não é possível ser feliz desenvolvendo apenas uma atividade, pois ela poderá se tornar obsessiva ou tediosa. O trabalho é importante para você obter uma renda e satisfação pessoal. O relacionamento do casal e da família são também ingredientes de bom equilíbrio. O lazer oferece muita satisfação e deve ser complemento do trabalho regular; portanto, faz bem alternar trabalho físico com lazer tranquilo, ou trabalho sedentário com lazer ativo.

Seja organizado – Prepare uma lista das coisas que você precisa fazer durante o dia e na semana. Centralize-se nelas e não se distraia com outras que tirem sua atenção dos objetivos desejados. Se sentir pressão exagerada, diminua algumas das atividades. Se achar que a tarefa é pequena, experimente acrescentar mais alguma coisa.

Viva de forma simples – Lazer que absorve muito tempo, férias esbanjadoras e esportes extravagantes podem se tornar causas de estresse. Todos exigem não apenas grandes despesas econômicas, mas também o uso de tempo e energia para poderem ser realizados. Experimente atividades simples como um passeio ao ar livre ou ler um bom livro. Aprenda a se alegrar com coisas simples, que proporcionam verdadeira felicidade.

Como superar o estresse

O tratamento do estresse deve ser completo, integral. Deve abranger todos os aspectos sociais (trabalho, família, amigos, etc.). Em períodos de crise de estresse, escolha a quantidade de trabalho que pode executar razoavelmente e não se preocupe com nada mais. Dê atenção a seus relacionamentos, esquecendo-se de si mesmo, procurando ser agradável, e ofereça sua amizade aos outros. Ajude alguém, conhecido ou não, sendo amável ou fazendo uma pequena contribuição humanitária. A reação dos outros ajudará você.

Superar o estresse envolve as diferentes dimensões da existência: física, mental e espiritual. Considere as orientações a seguir:

Plano mental – A terapia mais eficaz nos casos de estresse é chamada de psicoterapia cognitiva e consiste em ensinar a pessoa a dominar seus pensamentos, em vez de deixar que os pensamentos a dominem. Como conseguir isso? Praticando repetidamente esses exercícios:

• Bloqueie os pensamentos negativos.

• Escolha temas e motivações de pensamento positivo ou neutro. Por exemplo, experiências agradáveis do passado, pessoas a quem admiramos, amigos divertidos ou episódios de algum livro ou filme especial. Pense nessas coisas enquanto realiza tarefas rotineiras ou para substituir os pensamentos que causam preocupação.

• Tenha como motivação as preocupações construtivas. Para solucionar os problemas que provocam o estresse é necessário pensar em alternativas, recursos e outros modos de superar uma dificuldade e não mergulhar em preocupação destrutiva, repetitiva e obsessiva.

• Despreze crenças irracionais. Há pessoas que têm ideias e crenças negativas e ilógicas sobre si mesmas e sobre o ambiente em que vivem, as quais arruínam a autoestima e aumentam o estresse. Por exemplo: "Não sirvo para nada", "Ninguém gosta da minha companhia", "A felicidade surge por acaso, e minha vez ainda não chegou", "Minha supervisora me odeia e só quer me prejudicar". Essas ideias devem ser rejeitadas. E, se alguém não consegue fazer isso sozinho, deve procurar a ajuda de um psicoterapeuta para dialogar sobre esse assunto e se libertar dessas crenças irracionais.

Plano físico – O exercício físico é o melhor remédio contra o estresse. Se sua saúde permitir, faça exercício físico vigoroso (corrida, natação, esportes), ou caminhe rapidamente todos os dias.

O relaxamento é outro bom remédio: separe meia hora, diariamente, para repousar (não para dormir), tensionando os músculos um por um, intercalando momentos de relaxamento após cada tensão.

A respiração profunda ocasional é também muito útil para combater o estresse: respire profundamente, pressionando o abdômen (não os pulmões) e prenda o ar por alguns segundos antes de expirar.

Todas essas dicas serão detalhadas no capítulo 9.

Plano espiritual – A paz mental é incompatível com o estresse. Uma consciência tranquila pode ser obtida por meio da fé e da oração.

Jesus, após um dia exaustivo de sermões, caminhadas e pressões da multidão, dizia a Seus discípulos: "Venham comigo para um lugar deserto e descansem um pouco" (Marcos 6:31). Seu método consistia em Se levantar de madrugada, quando ainda estava escuro, indo a um lugar deserto para orar (Marcos 1:35).

A meditação que recomendamos é a que tem base na Bíblia. Em um ambiente livre de distrações, procure ler um pequeno texto bíblico (alguns versículos do livro de Salmos ou de Provérbios, por exemplo). Concentre-se ao máximo nessa leitura, refletindo em seu significado, sentindo a força poética do texto, descobrindo sua mensagem. Isso faz grande diferença! Experimente!

É importante fazer isso durante 15 a 20 minutos e encerrar com uma oração a Deus, agradecendo-Lhe Sua mensagem e pedindo-Lhe forças para enfrentar as dificuldades e o estresse. Também é proveitoso ler a experiência de personagens bíblicos e buscar inspiração nessas histórias.

Procure na Bíblia as incríveis histórias de Abraão, Jacó, José, Moisés, Samuel, Jônatas, Davi, Sansão, Jonas, Ester, Elias, Pedro, Paulo e, acima de tudo, a vida de Jesus e Seus ensinamentos. Aprenda as magníficas lições desses personagens. A leitura e a reflexão sobre esses assuntos ajudarão você a lidar muito melhor com o estresse.

Pratique a saúde total

A melhor maneira de se prevenir contra o estresse é adotar um estilo de vida saudável e equilibrado, tanto em relação ao corpo quanto à mente. Manter boa saúde física e mental não é algo caro nem difícil e está ao alcance de todos.

Um cuidado que devemos ter é com os pensamentos obsessivos. Você já se sentiu incapaz de parar de pensar em alguma coisa? Procure se livrar dessa ameaça, observando os seguintes passos:

• Identifique os pensamentos que lhe causam angústia ou estresse.

• No primeiro indício da possibilidade de pensamentos indesejáveis, diga para si mesmo "CHEGA!"

• Procure se distrair ocupando a mente com pensamentos mais edificantes. Cultive sempre uma atitude positiva para com todas as coisas e ocupe sua mente com temas agradáveis e construtivos. Entenda que, somente quando o recurso dessa técnica de controle for transformado em hábito, você conseguirá "banir" de sua mente os pensamentos indesejáveis de forma instintiva e segura.

O ambiente também conta muito, especialmente quando o assunto for ruído e poluição sonora. Ao ultrapassar o limite de possível risco (60 decibéis), o som pode se transformar num grande agente estressante. Se o volume for aumentado, é capaz de provocar lesões no ouvido, inclusive a perda da capacidade auditiva. O excesso de ruído pode também provocar alterações psicofísicas: cansaço, irritabilidade, insônia, dor de cabeça, tensão muscular, etc. Todos esses sintomas estão associados ao estresse.

Thomas Munzel, pesquisador da Faculdade de Medicina da Universidade de Mainz, na Alemanha, tem-se destacado por pesquisas que relacionam o barulho das grandes cidades (como o das turbinas de aviões e dos carros nas rodovias) a sérios riscos para a saúde. Segundo o Dr. Munzel, o estresse gerado por esses ruídos pode se tornar crônico, causando problemas cardiovasculares e até diabetes, devido ao nível elevado de cortisona. O problema piora à noite, aumentando as chances de ataque cardíaco e AVC (derrame cerebral), às vezes tanto quanto ocorre com os fumantes! Portanto, o ambiente de dormir deveria ser o mais tranquilo possível.

Além da preocupação com o ambiente em que você vive, seria bom também colocar em prática estas dicas, lembrando que, por serem tão importantes, voltaremos a elas no capítulo 9:

Dieta e alimentação – Os melhores alimentos são os que mais se aproximam de seu estado natural. Cereais integrais preparados com simplicidade (como o arroz) ou manufaturados (como o pão) constituem a base da alimentação tradicional da humanidade. Hortaliças, frutas, legumes e castanhas (oleaginosos) são também necessários, por suas propriedades curativas e nutritivas. Alimentos de origem animal como carne, peixe e produtos lácteos e suas gorduras podem não ser as melhores opções para uma boa nutrição.

Água – A água é a melhor bebida e o líquido mais eficaz para a renovação dos fluidos do organismo. Recomenda-se beber água em abundância diariamente (em média, seis a oito copos fora do horário das refeições). Outras bebidas de uso generalizado, como os refrigerantes, a cerveja e o café, são um peso para o organismo, que precisa eliminar as substâncias tóxicas do álcool, da cafeína e dos corantes, de modo a armazenar o excesso de açúcares como gordura. Isso pode acabar obstruindo vasos sanguíneos e ocasionar diversos tipos de doenças vasculares e cardiovasculares.

Exercício – Todos os órgãos e sistemas do corpo foram criados para atividades. Dentro dos limites e sob recomendação médica, exercite os músculos e os ossos para seu bem-estar e regeneração. Esforce-se e pratique algum esporte ou *hobby* que lhe proporcione exercício físico, ou caminhe regularmente.

Substâncias nocivas – As substâncias denominadas psicoativas (drogas, álcool, fumo, etc.) afetam diretamente o sistema nervoso central e, consequentemente, o estado de ânimo e a capacidade de raciocinar. Um plano de prevenção ou cura do estresse excessivo eliminará completamente o uso de substâncias que alteram as funções mentais.

Descanso – Após o trabalho físico vem o descanso reparador. É importante haver equilíbrio entre o cansaço físico e as horas para dormir. Respeitar as sete ou oito horas de sono que a maioria dos adultos precisa é tarefa de grande importância para a prevenção do estresse. Sem um bom descanso, não é possível enfrentar as tarefas do trabalho, e isso produzirá ansiedade e estresse. Além do descanso da noite, é importante tirar férias no tempo certo e se desligar do trabalho. Temos, assim, o descanso diário e o descanso anual. Mas não está faltando nada? Bem, falta falar do descanso semanal. Muitas pessoas têm-se esquecido desse importante princípio de repouso que lhes faria muito bem.

Dia antiestresse

O quarto mandamento da lei de Deus diz o seguinte: "Lembra-te do dia de sábado, para santificá-lo. Trabalharás seis dias e neles farás todos os teus trabalhos, mas o sétimo dia é o sábado dedicado ao Senhor teu Deus. Nesse dia não farás trabalho algum, nem tu, nem teus filhos ou filhas, nem teus servos ou servas, nem teus animais, nem os estrangeiros que morarem em tuas cidades. Pois em seis dias o Senhor fez os céus e a terra, o mar e tudo o que neles existe, mas no sétimo dia descansou. Portanto, o Senhor abençoou o sétimo dia e o santificou" (Êxodo 20:8-11).

O mandamento mais esquecido é justamente o que começa com o verbo "lembrar". Como faria bem para Paulo, Laura e Carlão – na verdade, para qualquer pessoa – reservar um dia por semana para um repouso físico, mental e espiritual. Sabe por quê? Porque fomos criados para funcionar em ciclos de sete dias. Isso recebe o nome de "ciclo circaceptano".

Segundo o enfermeiro e mestre em Ciências da Saúde Everton Fernando Alves, o corpo humano tem seu relógio biológico. Ele possui um "ritmo circadiano" interno de 24 horas que impulsiona o aumento e a diminuição de muitas moléculas, e tem também o "ritmo do sétimo dia", ou "ciclo circaceptano", que se repete a cada sete dias, sendo considerado um ritmo inteligente, devido ao fato de o descanso ser uma necessidade biológica. "Isso é estudado pelos cronobiólogos, especialistas que pesquisam os caminhos dos ritmos biológicos, seus movimentos oscilatórios, sua ligação com o ambiente externo e como essas informações são recebidas e transmitidas por meio de um mundo pulsante para uma melhor abordagem da verdadeira natureza humana", explica Everton.[1]

Um ciclo de sete dias foi encontrado em flutuações da pressão sanguínea, no conteúdo ácido no sangue, em hemácias, no batimento cardíaco, na temperatura oral, na temperatura da mama feminina, na química e no volume da urina, na taxa entre dois importantes neurotransmissores – noradrenalina e adrenalina – e no aumento e diminuição de várias substâncias químicas do corpo, como o hormônio de enfrentamento do estresse, o cortisol.

Outra curiosidade diz respeito à associação entre o descanso no sétimo dia da semana e a longevidade humana. Pesquisas indicam que indivíduos que descansam no sétimo dia têm uma expectativa de vida maior que outros que não o praticam. Os números apontam para um acréscimo de vida de quatro a dez anos, devido ao descanso nesse dia representar uma forma cultural de gestão do estresse e diminuição da pressão sobre o organismo humano.[2]

"Quanto mais fundo se investiga o funcionamento interno da vida, uma ainda mais complexa, intrincada e maravilhosa exibição de projeto começa a aparecer", diz Everton. "O Designer não apenas deixou Suas impressões digitais em tudo o que projetou, como também deixou Seu 'cartão de visitas' contido nas células vivas, dizendo aos seres humanos o momento em que Ele projetou a vida: em uma semana de sete dias. Foi quando Ele encerrou o relógio da vida e o definiu, assinalando em cada uma de suas formas um ritmo de sete dias. É o ritmo do projeto ideal; uma sincronia para viver e funcionar como planejado."

As recomendações de Deus sempre visam ao nosso bem-estar. Ao colocar em Sua lei um mandamento específico sobre a santificação de um dia da semana, Ele, na verdade, estava nos prevenindo a respeito da correria em busca de posses e do desgaste físico e mental que dela advém. Hoje, poderíamos dizer que, ao obedecer ao quarto mandamento, estamos, na verdade, melhorando nossa qualidade de vida e evitando o estresse. Além disso, estamos seguindo a própria lei da vida, afinal, o Criador das leis físicas e biológicas é o mesmo Criador das leis espirituais.

Quando vamos à Bíblia, percebemos que o sábado está presente do começo ao fim do livro sagrado. Logo na origem da vida neste planeta, lemos em Gênesis 2:1 a 3 que o próprio Criador fez três coisas no sétimo dia: Ele o abençoou, santificou e nele descansou. Quando Deus santifica algo, isso significa que Ele coloca essa coisa à parte para um fim específico e sagrado. Quando Ele abençoa algo ou alguém, ninguém pode retirar essa bênção. Você, porém, pode perguntar: Será que Deus Se cansa?

Em Isaías 40:28 é dito que não. Afinal, Ele é o Todo-Poderoso! Jesus não precisava ser batizado porque não tinha pecados, mas fez isso para nos dar exemplo (Mateus 3:13-15). Da mesma forma, Deus nos deu exemplo "descansando" no sétimo dia. Além disso, esse descanso tem mais que ver com uma pausa em Sua atividade criadora.

Em Marcos 2:27, Jesus diz que o sábado é um presente dado ao "homem" (ser humano) – sem contar o fato de que, quando o sábado foi inaugurado na Terra, só havia Adão e Eva aqui (leia também Isaías 56:6, 7). Não havia qualquer povo ou cultura. Os textos de Êxodo 20:8 a 11, Levítico 23:3 e Mateus 28:1 deixam claro que o sábado é o sétimo dia, e não qualquer outro dia da semana. Em Ezequiel 20:12 e 20, o sábado é apresentado como sinal de fidelidade da criatura para com seu Criador. O sábado é o memorial da criação. Como formulou Abraham Heschel, é um "templo no tempo".

Evidentemente, Jesus, o Verbo encarnado (João 1:1-3), guardou o sábado, quando esteve aqui na Terra (veja Lucas 4:16). A mesma atitude foi seguida por Seus discípulos (Atos 16:13; 17:2) e pela própria Maria (Lucas 23:56). Adão e Eva, os patriarcas, os profetas e os seguidores de Jesus sempre santificaram o sétimo dia da semana, que, segundo a Bíblia, começa no pôr do sol da sexta-feira (dia da preparação) e vai até o pôr do sol seguinte (Neemias 13:19; Gênesis 1:19; Marcos 1:32; Levítico 23:32). A marcação da virada dos dias à meia-noite é uma invenção humana.

"Se você vigiar seus pés para não profanar o sábado e para não fazer o que bem quiser em Meu santo dia; se você chamar delícia o sábado e honroso o santo dia do SENHOR, e se honrá-lo, deixando de seguir seu próprio caminho, de fazer o que bem quiser e de falar futilidades, então você terá no SENHOR a sua alegria, e Eu farei com que você cavalgue nos altos da terra e se banqueteie com a herança de Jacó, seu pai" (Isaías 58:13, 14). É assim que Deus deseja que guardemos Seu santo dia – uma prática que, inclusive, perdurará pela eternidade (Isaías 66:22, 23).

Realmente faria muito bem ao Paulo, à Laura e ao Carlão reservar um dia por semana para um encontro especial com o Criador, com a família e consigo mesmos. O repouso do sábado nos prepara para dar um salto adiante na vida.

Experimente você também descansar no sétimo dia. O sábado é um presente de Deus que chega até você todas as semanas. É seu!

[1]   Everton F. Alves, "A cronobiologia e o ciclo semanal". *Vida e Saúde*, set. 2015, 77(9):16-18. Ver: Eviatar Zerubavel, *The Seven Day Circle: The History and Meaning of the Week*. Chicago: University of Chicago Press, 1985.

[2]   Buettner D. *The secrets of long life. National Geographic*. 2005; 208:2-27. Buettner D. *The Blue Zones*: Lessons for Living Longerfrom the People Who've Lived the Longest. Washington, D.C.: National Geographic Society, 2009. Lee JW, Mortonkr Walters J., *et al*. Cohort Profile: The biopsychosocial religion and health study (BRHS). *International Journal of Epidemiololgy*, 2009; 38(6), p. 1470-1478.

Torne o sábado "delicioso"

- Programe-se para receber tranquilamente o sábado, desde o início da semana.
- Espere o sábado como o dia especial de comunhão com Deus.
- Ao pôr do sol de sexta-feira, reúna sua família, cantem, orem e recebam o sábado juntos.
- No sábado pela manhã, vá à igreja, como Jesus fazia.
- Prepare, antecipadamente, uma refeição diferente e deliciosa para o almoço de sábado.
- À tarde, se tiver filhos pequenos, programe um passeio por um parque ou outro local em que possam conversar sobre o poder e o amor de Deus manifestados na natureza.
- Envolva-se em atividades de serviço e apoio físico e moral aos necessitados, como Jesus também fazia.
- Ao pôr do sol de sábado, reúna novamente a família para orar e se despedir do sábado, pedindo as bênçãos de Deus para a semana que começa.

Inconveniências dos tranquilizantes químicos

O uso de produtos farmacêuticos (relaxantes musculares e tranquilizantes) em muitos casos é desnecessário. Com exceção do tratamento de patologias definidas, que exigem prescrição facultativa, os produtos farmacêuticos não superam os benefícios sintomáticos de outros tratamentos não químicos e produzem efeitos colaterais:

- Sonolência.
- Diminuição de reflexos.
- Hipotensão.
- Enfraquecimento físico.

Além disso, muitos medicamentos antiestresse tornam-se um vício e provocam sintomas muito desagradáveis quando sua administração é suspensa.

Faça um teste

Para saber se seu estresse lhe traz prejuízo, responda SIM ou NÃO às seguintes perguntas:

1. Aproveita a natureza em seu tempo livre? ☐ sim ☐ não
2. Faz uso de bebidas alcoólicas? ☐ sim ☐ não
3. Come frutas e verduras em abundância? ☐ sim ☐ não
4. Você fuma? ☐ sim ☐ não
5. Pratica exercício regularmente? ☐ sim ☐ não
6. Usa tranquilizantes habitualmente? ☐ sim ☐ não
7. Mora em uma casa limpa e ordenada? ☐ sim ☐ não
8. Mora em um bairro barulhento? ☐ sim ☐ não
9. Seu lar tem ambiente aconchegante? ☐ sim ☐ não
10. Você está sempre rodeado de muitas pessoas? ☐ sim ☐ não
11. Tem bom apetite? ☐ sim ☐ não
12. Tem esquecido das coisas com facilidade? ☐ sim ☐ não
13. Sua digestão funciona bem? ☐ sim ☐ não
14. Você se sente cansado sem razão aparente? ☐ sim ☐ não
15. Dorme bem? ☐ sim ☐ não
16. Você se irrita com facilidade? ☐ sim ☐ não
17. Tem bom relacionamento com seus superiores? ☐ sim ☐ não
18. Utiliza o carro como meio de trabalho? ☐ sim ☐ não
19. Tem um trabalho estável? ☐ sim ☐ não

20. Precisa levar trabalho para casa? □ sim □ não

21. Tem bom relacionamento com seus colegas e amigos? □ sim □ não

22. Fica muito impaciente quando tem que esperar alguém? □ sim □ não

23. Sabe ouvir com paciência? □ sim □ não

24. Você fala muito? □ sim □ não

25. Está satisfeito com sua vida sexual? □ sim □ não

26. Procura fazer as coisas melhor que os outros? □ sim □ não

27. Está satisfeito com sua maneira de ser? □ sim □ não

28. Você é perfeccionista? □ sim □ não

29. Tem senso de humor? □ sim □ não

30. Fica irritado quando tem que esperar em uma fila? □ sim □ não

Pontuação:

Ignore os SIM das ímpares e os NÃO das pares. Conte um ponto para cada resposta válida.   Soma total: _____

De 0 a 7 pontos – *Você está bem protegido contra o estresse e talvez precise haver uma pequena alteração para obter ainda maior estímulo em sua vida.*

De 8 a 13 pontos – *Você está no nível médio de estresse. As coisas podem tomar uma ou outra direção, e é importante adotar medidas preventivas.*

14 ou mais pontos – *É um aviso para que você faça um exame de seus hábitos de vida, do ambiente em que vive, sua atitude mental e seus relacionamentos, e faça planos para melhorar.*

5

Traumas psíquicos

José era um jovem hebreu que viveu aproximadamente dois mil anos antes de Cristo. Nasceu em uma boa família e rapidamente demonstrou inteligência e visão. Movidos pela inveja irracional, seus irmãos o venderam como escravo a habitantes de outro país. Em seu novo destino, teve que sofrer em silêncio e se adaptar a condições totalmente opostas às que estava acostumado. José passou por experiências traumáticas, de intenso estresse. No entanto, saiu de forma honrosa dessa dura prova e chegou a conquistar os objetivos mais elevados.

Como José conseguiu preservar a saúde mental diante de tanta adversidade? Ele exerceu fé autêntica em Deus durante décadas de provações; suplicou ao Criador o poder sobre-humano de que necessitava para sair de tanta opressão; orou diariamente e manteve contato com Deus nos momentos de angústia. Acima de tudo, José manteve a esperança de que algum dia a dor passaria e de que seu Deus reservava um final feliz para sua vida. José decidiu agir como uma figura de transição – tinha tudo para não perdoar, para cobrar e assumir juros emocionais impagáveis, mas decidiu retribuir a todos de forma completamente diferente do que recebeu. O relato completo está registrado no livro de Gênesis, capítulos 37 e 39 a 50.

Os acontecimentos de forte intensidade emocional, especialmente se estão sendo vivenciados em um momento difícil da vida, ou em idade precoce, podem até causar depressão na pessoa, como os casos de insultos, uma criança ser ridicularizada, levar um susto no meio da escuridão, ser amedrontado com cobras ou aranhas, sentir-se caluniado, ser coagido para a satisfação sexual de alguém, ou perder o pai ou a mãe com idade ainda jovem – como aconteceu com Laura, como vimos no capítulo anterior. Da mesma forma que um grande acidente físico deixa marcas permanentes, os traumas psíquicos também podem deixar sequelas durante muitos anos.

As consequências mais destacadas se manifestam durante os dias e as semanas seguintes à experiência. Por exemplo: sonhos, recordações passageiras, negação dos fatos, ansiedade ou falta de atenção e concentração. Em alguns casos, especialmente nas crianças, as sequelas podem permanecer durante anos, constituindo-se uma forte barreira para uma vida mentalmente saudável.

Traumas e tensões têm poder até mesmo para desencadear a manifestação de certos genes e doenças. "Estudos em animais revelaram que fatores sociais, comportamentais e ambientais podem, de fato, determinar se os genes se ativam. Por exemplo, demonstrou-se que a tensão causa sintomas de diabetes, como hiperglicemia, em animais geneticamente suscetíveis ao diabetes. É menos provável que animais não submetidos a tensão desenvolvam hiperglicemia ou diabetes, embora sejam geneticamente propensos a essas perturbações", escreveu Norman B. Anderson, no livro *Emotional Longevity: What really determines how long you live* (p. 5).

Os traumas do passado podem produzir:

Complexo de inferioridade – O próprio eu recebe grande parte do impacto traumatizante, e a pessoa perde a segurança em si mesma, demonstrando complexo de inferioridade e insegurança.

Dificuldade para realizar atividades normais – A pessoa afetada sente-se incapaz de alcançar objetivos simples. Por exemplo: as jovens ou meninas vítimas de abuso sexual costumam ter dificuldade para se relacionar socialmente com os rapazes. Ou o menino, a quem os irmãos mais velhos assustaram com uma aranha, pode vir a ter fobia do animal.

Tendências paranoicas – A pessoa traumatizada demonstra desconfiança do ambiente e pode interpretar as atitudes neutras das outras pessoas como uma emboscada contra ela e se considerar vítima de agressão ou perseguição.

Depressão – O acontecimento traumatizante costuma ser percebido como uma perda (perda da honra, perda de um ser querido), e toda perda traz consigo o risco dos sintomas depressivos.

Anorexia e bulimia – Há também uma clara correlação entre ser vítima de abuso sexual e distúrbios alimentares, especialmente anorexia e bulimia.

Como superar os traumas

Existem traumas que, por sua gravidade, requerem tratamento psiquiátrico. Outros, embora sem consequências drásticas, têm a tendência de complicar o desenvolvimento da vida da pessoa, dentro da normalidade. Para isso, oferecemos os seguintes conselhos:

Assuma o passado e centralize-se no futuro – O passado não pode ser mudado. É inútil culpar os fatos ou as pessoas que influenciaram você negativamente. Se estacionar no passado, você não poderá olhar para o futuro com a confiança necessária. Além disso, é bom lembrar que nossa mente não possui um recurso perfeito de gravação de dados. Nossas memórias são reconstruções de eventos passados, e essas memórias são afetadas pelos nossos sentimentos e pela compreensão que temos delas no tempo presente.

Fale sobre o acontecimento traumático – Falar ou escrever sobre o acontecimento que causou o trauma, em um ambiente seguro e tranquilo, é um passo importantíssimo. Procure uma pessoa de confiança e conte-lhe o que aconteceu. O efeito da terapia de grupo com pessoas que passaram por traumas e compartilham suas experiências também oferece resultado eficaz. Enquanto você não expressar os pensamentos que o machucam, eles vão se repetir. E o que não pode ser dito não será esquecido.

Olhe o lado positivo – Os desastres e as calamidades tendem a unir os sobreviventes, as famílias e as comunidades. Seja grato pelo acolhimento humano aos que enfrentam as tragédias. Além disso, situações traumáticas, quando bem enfrentadas, tendem a fortalecer o caráter dos que passam por elas.

Tente perdoar – Embora seja um processo que pode levar muito tempo, é possível evitar o ódio e o ressentimento para com os responsáveis pelo trauma. Esse é um passo importante para a solução do que aconteceu no passado. E não é aplicável somente aos outros, mas também a nós mesmos: o autoperdão e a autorreconciliação. Trabalhar o ódio não deve impedir que a vítima deseje um fim justo para sua experiência traumática.

A mágoa e o rancor nos tornam reféns do passado e mantêm na lembrança algo ocorrido há muito tempo. Assim, os maiores prejudicados com a mágoa somos nós mesmos.

O perdão, porém, nem sempre é espontâneo, pois nossa capacidade de amar (perdoar é amar) é limitada. Busque a Fonte do perdão – o Deus de amor – que, de acordo com o evangelho, deseja que sejamos Seus amigos e pode facilitar a superação do passado que nos assombra. Lembre-se do que diz a oração ensinada por Jesus: "Perdoa as nossas dívidas, assim como perdoamos aos nossos devedores" (Mateus 6:12).

Escreva suas experiências

Melanie Greenberg e Arthur Stone realizaram um interessante estudo na Universidade do Estado de Nova York, em Stony Brook. Dele participaram 60 estudantes universitários, seguindo esses passos:

1. Agruparam os participantes em subgrupos: os que haviam experimentado um forte trauma, os que haviam vivido um trauma leve e os que não sofreram trauma algum.

2. Para alguns foi solicitado que revelassem por escrito sua experiência, e a outros não foi dada essa oportunidade, para que servissem de ponto de referência ou grupo de controle.

3. Durante os meses seguintes, foram observadas as tendências de saúde e doença em todos os participantes.

Os resultados mostraram que aqueles que haviam passado por um forte trauma e revelaram o fato por escrito experimentaram melhoras na saúde física muito acima dos que não escreveram nada sobre sua experiência traumática.[1]

Estudos como esse demonstram que revelar a experiência traumática é tão bom para a mente quanto para o corpo. Um dos que defendem isso é Elie Wiesel, escritor e sobrevivente dos campos de concentração nazistas. Ele escreveu e reescreveu suas experiências pessoais traumáticas e, com isso, conseguiu dar um novo significado a esses traumas. Para ele, ainda que não consigamos expressar nossos sentimentos e recordações de maneira apropriada, devemos mesmo assim tentar.

Além disso, na luta para superar o trauma, é preciso evitar a autovitimização. Buscar conforto na religião, criar novos objetivos para a vida (quem sabe usar a própria experiência para fazer algo de bom para outras pessoas) e não alimentar o desejo de vingança ou o ódio são atitudes importantes para a superação do trauma.

Um ótimo conselho bíblico, nesse contexto, é: "Uma coisa faço: esquecendo-me das coisas que ficaram para trás e avançando para as que estão adiante, prossigo para o alvo" (Filipenses 3:13, 14).

Resiliência

A palavra "resiliência" vem da Física e descreve a capacidade de alguns materiais voltarem ao estado original ou até melhorarem de qualidade depois de serem submetidos a situações extremas. Em termos humanos, resiliência é a capacidade de uma pessoa manter ou recuperar a essência emocional ou até se tornar melhor depois de passar por uma situação traumática.

Evidentemente, há níveis diferentes de resiliência de pessoa para pessoa. O que traumatiza alguém pode não necessariamente afetar tanto outra pessoa. Isso depende de fatores como temperamento, capacidade para resolver problemas, inteligência, autoestima, competência social, autocontrole, vínculos familiares e sociais, etc.

Nunca é demais enfatizar a importância dos bons relacionamentos. Um estudo com 724 pessoas, ao longo de mais de 70 anos, concluiu que não são a riqueza e a fama que garantem felicidade, longevidade e resiliência, mas bons relacionamentos em família e com amigos. Robert J. Waldinger, psiquiatra e professor da Escola de Medicina de Harvard, é quem coordena o estudo atualmente. Ele cita três grandes lições sobre relacionamentos extraídas a partir da pesquisa norte-americana: (1) conexões sociais fazem bem para os seres humanos, enquanto a solidão mata; (2) a qualidade das relações é mais importante do que a quantidade; e (3) relacionamentos felizes e duradouros protegem a saúde física e mental.[2]

"A experiência da solidão se torna tóxica. As pessoas que são mais isoladas descobrem que são menos felizes, que sua saúde piora mais depressa na meia-idade, que seu funcionamento cerebral diminui mais cedo e que vivem menos tempo do que as pessoas que não se sentem sozinhas", disse Waldinger.[3] Mas há outro fator tão ou mais importante que as boas relações sociais.

Pesquisadores hoje reconhecem que um fator importante para o desenvolvimento e o fortalecimento da resiliência é a religião. Além de prover uma rede de apoio social, a religião fornece uma visão positiva de futuro. Mas não pode ser qualquer religião, sugere o psiquiatra Harold Koenig, estudioso da relação entre religiosidade e saúde, que trabalha na Universidade Duke, na Carolina do Norte. Ele afirma que não adianta apenas dizer que é "espiritualizado" e não ter uma vivência religiosa prática. É preciso ser *comprometido* com a religião a fim de desfrutar seus benefícios. É preciso ir às reuniões e expressar a fé em casa e em outros locais por meio da oração e do estudo da Bíblia. Ele afirma que a crença religiosa precisa influenciar a vida para que também influencie a saúde.

À reportagem da revista *Vida e Saúde*, o Dr. Koenig explicou que o envolvimento religioso reduz o estresse psicológico, o que diminui a inflamação e a taxa de encurtamento dos telômeros nas células.[4] Segundo ele, "os telômeros são um relógio biológico para a célula. Eles encurtam a cada divisão celular, e, quando se vão, a célula morre e ocorre a degeneração do órgão". Isso explica por que as pessoas mais religiosas vivem uma média de 7 a 14 anos a mais, segundo pesquisas.

Lembre-se: a religião só fará bem se for positiva, centrada em uma boa relação com Deus e com o próximo. E a Bíblia descreve exatamente assim a verdadeira religião: "A religião que Deus, o nosso Pai, aceita como pura e imaculada é esta: cuidar dos órfãos e das viúvas em suas dificuldades e não se deixar corromper pelo mundo" (Tiago 1:27).

Neste mundo, é impossível eliminar (pelo menos por enquanto) todas as situações traumáticas. Por mais resiliente que a pessoa seja, o sofrimento algum dia bate à porta dela e traz dor. Por que as coisas têm que ser assim?

O mundo é um campo de batalha

A Bíblia deixa claro que este mundo é o campo de uma batalha que começou bem longe daqui, no Céu. Em Ezequiel 28:13 a 19 e Isaías 14:12 a 14 é descrito o estopim desse conflito: o orgulho e a vaidade. Lúcifer era um anjo perfeito criado por Deus. Na verdade, era um tipo de chefe dos anjos, amado e respeitado por todos. Ocorre que, em algum momento, de forma misteriosa, a inveja começou a brotar em seu coração, e ele desejou a posição que pertencia unicamente ao Criador. Ele tinha tudo, mas queria ir além, até que decidiu não mais prestar reverência ao Eterno e passou a questionar o governo divino e a lei sobre a qual esse governo se assenta.

Conhecendo o caráter de Deus revelado nas Escrituras Sagradas, podemos imaginar que Ele tentou de tudo para fazer esse anjo se arrepender e abandonar a rebelião, mas Lúcifer decidiu seguir com seus planos, chegando, por fim, a cruzar a linha sem retorno, quando se perde a sensibilidade e o desejo de se arrepender. O coração se endureceu aos apelos divinos.

Em Apocalipse 5:11 é dito que existem milhões de anjos. Muitos desses acabaram ficando na dúvida, e outros tantos decidiram se unir ao rebelde. Deus era realmente um tirano, como Lúcifer O acusava? O fato de Ele ter leis que devem ser obedecidas por Suas criaturas era uma prova de Sua arbitrariedade? Para o anjo opositor, era como se os princípios divinos e Suas leis fundamentadas no amor fossem uma obrigação injusta.

Alguns se perguntam: Se o Deus onisciente sabia dos sentimentos de Lúcifer desde o começo, por que não o destruiu antes que a controvérsia se espalhasse? Pense um pouco: para os anjos celestiais, tudo aquilo era algo novo. Eles nunca haviam experimentado os sentimentos que lhes atravessavam a mente. Havia dúvidas no Céu. Então, se Deus tivesse destruído o rebelde logo no início, que tipo de sentimento isso poderia ter despertado nas demais criaturas? "Quer dizer que aqui é assim: *desobedeceu, morreu*?" Você percebe? O Criador teve que permitir que as consequências da rebelião fossem conhecidas a fim de que todos pudessem fazer sua escolha e decidir sob que governo gostariam de viver. Ele também teve que oferecer uma oportunidade justa para que o rebelde pudesse voltar para o caminho certo por vontade própria, ainda que finalmente escolhesse não fazer isso.

Outros vão além e questionam: Deus não poderia ter criado um universo em que não houvesse o mal? Vamos tentar responder com outra pergunta: Deus pode criar uma roda quadrada? Isso não faz sentido, pois o Criador não viola Suas leis e não trabalha com possibilidades ilógicas. Assim, para criar um universo com seres dotados de livre escolha, Deus precisou correr riscos, isso porque não pode existir um universo com liberdade sem a possibilidade de escolha pelo mal. Deus não quis criar seres autômatos, como robôs programados para obedecer. Deus é amor (1 João 4:8) e quer ser amado. Por isso, vale lembrar que o amor só se manifesta onde há liberdade. Ninguém pode ser forçado a amar.

Deus poderia ter criado um universo sem o potencial para o mal? Talvez, mas não *este* universo. Portanto, diferentemente do que alguns afirmam, o mal não prova que o Criador não existe. Prova justamente o contrário: que Ele existe e nos dotou de liberdade de escolha. Aliás, se Deus não existisse, a própria definição de mal perderia todo o sentido. Afinal, mal é o oposto de bem. Sem um absoluto moral para servir de parâmetro, como determinar o que é o quê? Só sabemos que uma linha está torta porque podemos compará-la a uma linha reta.

Infelizmente, a terça parte dos anjos celestiais se aliou a Lúcifer (depois chamado de "Satanás", em hebraico, "inimigo") e acabou expulsa do Céu (Apocalipse 12:3, 4, 7, 9), vindo parar em nosso planeta. Aqui, Satanás utilizou o engano para envolver o primeiro casal humano em sua rebelião (Gênesis 3:1-6). Com muita esperteza e inteligência demoníaca, o inimigo conseguiu inocular em Eva o vírus de sua própria rebelião. Ele sugeriu que, se ela desobedecesse a Deus, seria uma criatura superior, igualando-se ao próprio Criador. Lúcifer queria isso! E conseguiu convencer a mulher a querer também.

A mentira original pode ser resumida em duas afirmações: (1) "vocês não morrerão"; e (2) "serão como Deus". De lá para cá, o inimigo vem disseminando essa mesma mentira sob vários disfarces, com o objetivo de afastar a humanidade do Criador. Ao se considerarem imortais e autossuficientes, as pessoas deixarão de reconhecer sua dependência da Fonte de vida. Com isso, o rebelde fere o coração do Pai celestial.

Por causa disso, podemos dizer que este planeta é um campo de batalha. Continuamente, anjos bons e maus disputam influência sobre nós. Devemos sempre nos lembrar de que "nossa luta não é contra seres humanos, mas contra os poderes e autoridades, contra os dominadores deste mundo de trevas, contra as forças espirituais do mal nas regiões celestiais" (Efésios 6:12).

Sempre existem situações traumáticas em uma guerra. Se duvida, pergunte a um ex-combatente. Apesar de tudo, nosso General está pessoalmente empenhado em nossa salvação, ainda que tenhamos que carregar um ou outro ferimento de guerra. Além disso, o General já anunciou o fim de todas as batalhas, por ocasião de Sua vinda.

Como podemos, porém, ter certeza de que o General realmente tem interesse em nós e não nos abandonou em um campo minado, sem esperanças? É simples. Quando Satanás conseguiu envolver Adão e Eva na rebelião, pensava ter dado um xeque-mate no Criador. Afinal, o casal sabia que "o salário do pecado é a morte" (Romanos 6:23). Como haviam pecado por escolha própria, os dois mereciam morrer para sempre. Se Deus os destruísse, o inimigo diria algo assim para todos os seres criados: "Estão vendo? Eu não disse que Ele é tirano e mau?" Porém, conhecedor da misericórdia divina, o anjo caído esperava que Deus passasse por alto a atitude de desobediência do casal transgressor. Nesse caso, Satanás acusaria o Criador de ser incoerente e infiel à Sua palavra. Se Ele podia ignorar a culpa dos dois humanos, por que não a dele mesmo?

Contudo, o rebelde não contava com algo surpreendente, que o fez se calar. Sim, o salário do pecado é a morte, e alguém, de fato, precisava experimentar a morte eterna por causa disso, mas não seriam Adão e Eva. Deus, na pessoa de Jesus, morreria em lugar do pecador, assumindo sua culpa e revelando de maneira grandiosa até que ponto o Pai celestial esteve e está disposto a ir por amor a Seus filhos.

É por isso que Ele tem autoridade moral para dizer: "Venham a Mim, todos os que estão cansados e sobrecarregados, e Eu lhes darei descanso" (Mateus 11:28).

Nem Paulo, nem Laura, nem Carlos, nem você ou qualquer outra pessoa pode mudar o passado. As cicatrizes de guerra estão aí em seu corpo, em sua mente, em seu coração. Uma coisa, porém, eles e você podem fazer: mudar de atitude em relação ao que aconteceu nas batalhas da vida. Mudar a forma de encarar esses traumas.

A pessoa que confia nas promessas divinas sabe que "todas as coisas cooperam para o bem daqueles que amam a Deus" (Romanos 8:28, ARA).

Então, entenda e aceite que Deus não origina o mal, mas Ele usa tudo o que for possível para que essas experiências do campo de batalha contribuam para seu crescimento e sua salvação eterna.

Confie no Pai celestial. Ele já provou que é digno dessa confiança.

---

[1] Julián Melgosa, *Saúde e Lar*, "Cicatrizes". Disponível em: <http://www.saudelar.com/edicoes/2015/janeiro/principal.asp?send=10_psicologia.htm>. Acesso em 9/2/2017.

[2] Márcio Tonetti, *Revista Adventista*, "Segredo da felicidade e da longevidade". Disponível em: <http://www.revistaadventista.com.br/blog/2016/02/17/segredo-da-felicidade-e-da-longevidade/>. Acesso em 9/2/2017.

[3] What makes a good life? Lessons from the longest study on happiness." Disponível em: <https://www.youtube.com/watch?v=8KkKuTCFvzI>. Acesso em 9/2/2016.

[4] Michelson Borges, "Saúde emocional e espiritual", *Vida e Saúde*, jun. 2016, p. 8-13.

6

Escravo dos vícios

Há algo mais que precisamos falar sobre Laura e sobre o porquê de ela ter decidido permanecer solteira, investindo todas as forças na carreira: ela não confia nos homens. Não apenas por causa da experiência negativa que teve com seu pai, na infância, perdendo aquele que deveria ter sido seu referencial de masculinidade, mas também porque conhece homens indignos de sua confiança. Laura sabe que muitos homens estão envolvidos com algum tipo de pornografia. Como defensora dos diretos da mulher, ela sentia arrepios ao pensar em se relacionar com um homem que vivesse comparando suas formas com a de atrizes idealizadas. Tinha aversão a se ver usada como um objeto por um homem cheio de fantasias depravadas.

"Amigos" de Paulo até tentaram convencê-lo de que faria bem a ele e ao seu casamento assistir a alguns "filminhos". Contudo, ele sabia o que estava produzindo o esfriamento de sua relação conjugal. Não era falta de erotismo, de "pimenta", mas de amor, companheirismo e diálogo, coisas que o dia a dia estressante lhe estava roubando. Além disso, como ele poderia ver pornografia e depois olhar os olhos puros de seus dois filhinhos, especialmente da garotinha que gostava de lhe escrever cartinhas? Um dia, sua menina cresceria, e ele jamais poderia conceber a ideia de que ela fosse tratada como objeto sexual diante das câmeras, para o deleite de uma plateia com olhos sujos e mente deturpada. Felizmente, Paulo estava entre os homens que procuram evitar o conteúdo pornográfico que tomou conta do mundo.

O problema fica ainda mais grave quando se percebe que as crianças têm tido acesso cada vez mais fácil à pornografia. Segundo um estudo feito pela empresa de segurança eletrônica Symantec há alguns anos, as palavras "sexo" e "pornografia" estavam entre as dez mais procuradas por crianças na internet.[1]

Por esse e outros motivos é preciso conversar com as crianças a respeito das vantagens e desvantagens da internet, bem como sobre os perigos de uma navegação sem critérios. Gregory Smith, vice-presidente e diretor executivo de informação do Departamento de TI da World Wildlife Fund, diz que deixar a criança diante de um computador com acesso à internet, sem qualquer tipo de monitoramento, é a mesma coisa que colocá-la em uma esquina e não ficar vendo o que acontece.

Efeitos do consumo de pornografia

Uma pesquisa feita pela Universidade de Pádua,[2] na Itália, constatou que 70% dos homens jovens que procuravam neurologistas por ter um desempenho sexual ruim admitiam o consumo frequente de pornografia na internet. Outros estudos de comportamento sugerem que a perda da libido acontece porque esses grandes consumidores de pornografia estão abafando a resposta natural do cérebro ao prazer. Ao substituírem os limites naturais da libido por uma intensa estimulação, acabam prejudicando a resposta à dopamina. Esse neurotransmissor está por trás do desejo, da motivação e dos vícios. Se o prazer está fortemente ligado à pornografia, o sexo real parece não oferecer tanta recompensa. Essa seria a causa da falta de desejo em muitos homens.

No livro *Wired for Intimacy: How Pornography Hijacks the Male Brain*, William Struthers, da Faculdade Wheaton, recorre à neurociência para explicar por que a pornografia é tão viciante para a mente masculina. A questão central é a intimidade: homens buscam tudo, desde a pornografia às prostitutas, para satisfazer suas necessidades emocionais mais profundas. "Eles são direcionados a buscar intimidade sexual", afirma.[3]

De acordo com Struthers, ver imagens pornográficas cria novos padrões nas ligações neurais, e o hábito reforça essas ligações.[4] Neste ponto, a comparação aos efeitos viciantes do consumo de drogas se torna inevitável: "Tolerância é quando, como resultado de uma exposição a uma substância, o corpo se ajusta para que a exposição seguinte aos mesmos níveis de substância resulte num efeito menor. Se tomo a mesma dose de uma droga vez após vez, e meu corpo começa a tolerá-la, precisarei tomar uma dose maior da droga, para ela ter o mesmo efeito que tinha com uma dose menor na primeira vez.[5] Portanto, o vício em sexo "age como uma polidroga, entregando uma excitação emocional e sensorial, energizando a sexualidade masculina."[6]

Como identificar o vício em sexo

Se você observar em si mesmo, em seu cônjuge ou em algum amigo ou familiar dois, três ou mais dos indicadores comportamentais, poderá estar diante de um caso de vício sexual. Deverá falar com a pessoa de maneira calma, sem acusações e com disposição para ajudar:

1. Insiste em ficar diante do computador ou da televisão quando não há ninguém em casa ou todos estão dormindo.

2. Mantém uma maleta, mochila, gaveta ou armário com chave e ninguém da família ou do trabalho pode ter acesso.

3. Olha prolongadamente para as pessoas do sexo oposto quando passa por elas.

4. Recebe débitos de cartão de crédito para os quais não pode dar explicação.

5. Chega muito tarde do trabalho ou se ausenta mais do que o necessário, justificando com viagens ou motivos profissionais.

6. Quando está na internet e alguém se aproxima, muda rapidamente de tela.

7. Não tem relação sexual com o cônjuge ou demonstra fixação em práticas extravagantes.

8. Aparenta estar emocionalmente distante de seu cônjuge.

9. Parece estar ausente e distraído, mesmo nos momentos mais íntimos.

10. Demonstra instabilidade no estado de ânimo e apresenta comportamento brusco e ameaçador.

Como superar o vício em sexo

O processo psicológico é semelhante ao de qualquer outro vício. Muitos dos conselhos para a dependência química são também válidos para o vício em sexo:

1. O primeiro passo é admitir o problema e mostrar disposição para corrigir esse comportamento.

2. Procurar apoio de outra pessoa. A melhor pessoa é o cônjuge do viciado (sob a orientação de um especialista). Se isso não for possível, então pode ser um amigo ou familiar íntimo.

3. Estar sempre sob vigilância (não ficar sozinho por muito tempo; continuar as atividades planejadas).

4. Manter a sobriedade sexual absoluta: sexo somente com o cônjuge.

5. Fazer uso de mecanismos estruturados de ajuda: bloquear certos ambientes da internet e limitar o tempo de acesso.

6. Planejar atividades de recreação, preferencialmente ao ar livre e em locais diferentes do habitual.

7. A tendência pode ter sua origem em um abuso sexual na infância ou em uma infância conturbada. Nesse caso, o plano de reabilitação deve vir acompanhado da psicoterapia formal, para se aprofundar em assuntos do passado e eliminar os conflitos.

8. Para a pessoa que dará apoio: seja compassiva e trate o viciado como alguém doente, que precisa se recuperar. Ele precisa aceitar sua responsabilidade. Uma vez aceita e aplicada, não deve ser recriminado ou criticado excessivamente por sua conduta inaceitável. Ele precisa de compreensão, simpatia e apoio.

Vício em cigarro

Assim como a pornografia, outros vícios têm prejudicado ou mesmo destruído a vida de milhões de pessoas. O tabagismo, por exemplo, tem diminuído em muitos países, mas aumentado em outros. O cigarro tem muita popularidade entre os jovens. A nicotina tem alto poder viciante e representa uma enorme barreira para o abandono do hábito. Se você deseja parar de fumar, siga estes passos:

1. *Examine seus hábitos* – Há em sua vida uma infinidade de laços invisíveis que o ligam a objetos e situações que o estimulam a fumar. Reveja essas circunstâncias e evite-as ou se prepare para resistir: ao deitar, acordar, tomar café, em uma reunião com amigos, ao sentar em sua cadeira preferida, ao ficar sozinho em algum local, ao finalizar uma refeição, etc. Fuja dessas situações.

2. *Procure novos ambientes* – Mude seus horários, suas reuniões e locais costumeiros. Faça atividades saudáveis ao ar livre e em ambientes que relaxem.

3. *Inclua seus amigos e familiares* – Conte a todos que decidiu parar de fumar. Certamente eles o apoiarão. Se for possível, una-se a alguém que também queira abandonar o vício e, ao se reunirem, ambos darão e receberão ânimo.

4. *Cuide da alimentação* – A desintoxicação deve ser acompanhada de muitas frutas e verduras. Beba muita água e sucos cítricos. Isso o ajudará a eliminar a nicotina e a desejar cada vez menos o cigarro.

5. *Faça exercícios* – O exercício físico o fará relaxar das tensões da desintoxicação e lhe proporcionará um bom estado de ânimo.

6. *Dê um prêmio a você mesmo* – Estabeleça recompensas para o ciclo de alguns dias de vitória: vá a um lugar especial ou compre uma roupa com o que você economizou sem os cigarros.

7. *Busque apoio na dimensão espiritual* – Muitos viciados desprezam esse meio e não obtêm êxito. Experimente conversar com Deus como se estivesse falando com um amigo e peça a Ele forças para vencer o vício.

Atenção para a cafeína

Muitos pensam que a cafeína está longe de ser uma droga, mas o manual psiquiátrico DSM-5 especifica a intoxicação por cafeína quando a pessoa ingere 250 miligramas ou mais em um único dia (exemplo: acima de duas a três xícaras de café coado). Os chamados "energéticos" chegam a ter mais cafeína que o café.[7] Os efeitos do consumo dessa substância são: agitação, nervosismo, insônia, diurese, compressão muscular, problemas digestivos, dificuldade para pensar e falar, taquicardia e agitação psicomotora.[8]

Os seguintes produtos contêm quantidades variadas de cafeína:

Energético (248 ml)	75 a 80 mg
Cafezinho expresso (30 ml)	47 a 75 mg
Xícara de café instantâneo (237 ml)	27 a 173 mg
Refrigerante tipo cola (355 ml)	23 a 47 mg
Xícara de chá preto (237 ml)	14 a 70 mg
Barrinha de chocolate (20 g)	12 a 40 mg

Fonte: "Caffeine content for coffee, tea, soda and more", Mayo Clinic, <http://www.mayoclinic.org/healthy- -lifestyle/nutrition-and-healthy-eating/in-depth/caffeine/art-20049372>. Acesso em 19/02/2017.

Círculo vicioso

A felicidade tem sido definida como a ausência total de vícios. E não nos referimos somente aos vícios em drogas "pesadas" ou "ilegais", sexo compulsivo, jogos de azar, jogos eletrônicos e internet. Existem substâncias comuns que também viciam, como bebidas alcoólicas, cigarro e café. Essas substâncias são denominadas psicoativas porque afetam a função mental. Inclusive existem viciados em dietas, medicamentos e em exercício físico.

O círculo vicioso das drogas é muito perigoso, quer sejam legais ou ilegais, com componentes químicos ou não, ocasionando prejuízo para a saúde. Todos os vícios tiram a liberdade dos que sofrem dessa dependência. Além do mais, causam riscos muito sérios:

Dependência – As drogas (ou a dependência química) criam o desejo de reincidir no seu uso. E, quanto mais se satisfaz esse desejo, maior ele se torna.

Tolerância – O usuário da droga precisa de doses cada vez maiores para alcançar efeitos semelhantes aos anteriores.

Síndrome de abstinência – Pode ser psicológico: uma inquietação extrema por não poder ter acesso à droga ou realizar a conduta desejada. Também pode ser físico, pelo fato de o organismo estar habituado à substância e não conseguir a dose. Os sintomas de abstinência apresentados são: insônia, agitação, palpitações, suor, náusea, vômitos, etc.

Efeito sobre o cérebro (nos viciados químicos) – As drogas afetam o sistema nervoso central. Quando esse tipo de substância chega ao cérebro, várias funções vitais são alteradas, e a pessoa se torna incapaz de realizar atividades mentais simples. Quando o consumo é prolongado, podem ocorrer lesões irreversíveis.

Os três primeiros riscos não têm relação somente com os vícios químicos, mas também com os de conduta. O viciado em pornografia, por exemplo, sente um fortíssimo desejo de repetir o ato. Após determinado tempo, as imagens usadas não são suficientes, e ele precisa de imagens mais fortes ou obscenas. A falta ou indisponibilidade das imagens produzirá no viciado grande inquietação ou frustração.

Como prevenir os vícios

A maioria dos vícios, especialmente por substâncias, tem seu início na fase juvenil e na adolescência. Por isso, os esforços preventivos devem ser focalizados nessa faixa etária. Desde os primeiros anos de escola, as crianças devem receber instruções sobre as drogas e seus riscos. Os programas escolares devem ter espaço para palestras e seminários com ex-dependentes, médicos, advogados, psicólogos, policiais, assistentes sociais, etc.

Como princípio, todas as escolas e outras instituições de ensino deveriam ser declaradas áreas livres de drogas, adotando medidas para evitar que se transformem em centros de tráfico e iniciação à droga.

Os pais das crianças e jovens têm também responsabilidade na prevenção. Devem falar sobre o problema, adotando as seguintes estratégias:

• Ter uma postura firme e coerente com respeito às drogas e aos vícios.

• Ajudar a desenvolver uma autoestima saudável nos filhos.

• Manter o lar seguro e estável.

• Demonstrar flexibilidade nas opiniões e condutas, mas com limites bem definidos.

• Dar exemplo no que se refere aos vícios.

As autoridades também têm um papel importante na educação contra os vícios e em favor da saúde total: programas atrativos e sugestivos, uso de precauções legais (por exemplo: rótulos indispensáveis nas bebidas alcoólicas e no cigarro), normas que regulam a venda e distribuição, etc. É extremamente importante reprimir o tráfico de drogas em colégios, instituições e locais frequentados por crianças e jovens.

Quanto aos demais vícios (em trabalho, sexo ou jogo), eles podem sobrevir em idade adulta. É indispensável relembrar que, tanto nesses vícios quanto nas dependências químicas, um quadro de ansiedade é frequentemente acrescentado ao problema. Por essa razão, uma forma de se prevenir a adesão a um vício é evitar ou vencer a ansiedade.

Como vencer os vícios

Está comprovado que o viciado não consegue abandonar os vícios sozinho. Ele precisa de apoio social, profissional e espiritual. Por isso, os conselhos apresentados aqui são especialmente dirigidos à família ou ao grupo de apoio do viciado:

• Se já foram feitas muitas tentativas para deixar o vício, deve-se insistir com o viciado para que procure um centro de reabilitação.

• Apoie o plano estabelecido pelo centro ou profissional qualificado. Confie no tratamento e incentive a pessoa viciada (filho, cônjuge, amigo, etc.).

• Evite a superproteção. É uma grande tendência proteger as pessoas que amamos; mas, nessas circunstâncias, é necessário manter firmeza no que se refere ao tratamento.

• Recompense as vitórias, pois o viciado precisa de reforços externos para alcançar novos objetivos. Podem ser alimentos, filmes, passeios, jogos, livros, visitas, etc., de acordo com a preferência e as circunstâncias.

• Prepare um ambiente calmo, saudável e adequado e procure por todos os meios manter o viciado distante dos espaços facilitadores do vício (locais, pessoas, objetos, etc.), pois os estímulos podem levá-lo a uma recaída.

Os grupos de apoio têm demonstrado ser excelentes métodos de superação. Por exemplo, os Alcoólicos Anônimos (AA), Narcóticos Anônimos (NA), Jogadores Anônimos (JA) e os Dependentes de Amor e Sexo Anônimos (DASA) conseguem um grande índice de êxito entre seus participantes. Os viciados, unidos a outras pessoas que sofrem do mesmo problema, lutam com maior persistência.

É necessário reconhecer que o domínio dos vícios é tão grande que somente com ajuda do poder divino muitos conseguem alcançar a vitória. O êxito dos Alcoólicos Anônimos deve-se em parte ao apoio humano demonstrado pela experiência de ex-dependentes, e ao apoio de Deus, que é aceito por aqueles que estão dispostos a recebê-lo com fé.

Após alcançar a vitória, a luta não acaba, pois o risco de recaída é altíssimo. Por isso, é importante planejar cuidadosamente o retorno à normalidade, observando os seguintes itens:

Emprego – O reabilitado precisa de um novo emprego, com novos companheiros e com o firme propósito de se adaptar, sem fazer mudanças.

Ambiente social – O reabilitado precisa também, durante um período prolongado, de alguém que continue observando com atenção e firmeza seu ambiente. Deve se relacionar com pessoas que saibam desfrutar a vida sem fazer uso de substâncias químicas ou outros vícios, com simplicidade e naturalidade.

Lazer – O tempo livre é o mais perigoso para a recaída e deve ser planejado cuidadosamente, incluindo exercícios físicos, atividades ao ar livre, esportes, etc., evitando sempre bares, salões de jogos e outros ambientes em que a vontade possa ser estimulada.

Vida espiritual – O componente espiritual também é fundamental na reintegração. A vida de vícios deve pertencer ao passado, e a pessoa precisa começar uma nova vida. A culpa, que é comum nos ex-viciados, encontra perdão em um Pai amoroso. E, quanto ao futuro, Deus promete proteção e apoio contínuos.

Uma promessa maravilhosa de Deus para aqueles que lutam contra vícios é esta: "Por isso não tema, pois estou com você; não tenha medo, pois sou o seu Deus. Eu o fortalecerei e o ajudarei" (Isaías 41:10).

[1] "'Kids' top searches include 'porn'", *BBC News online*. Disponível em: <http://news.bbc.co.uk/2/hi/technology/8197143.stm>. Acesso em 9/2/2017.

[2] "Italian men suffer 'sexual anorexia' after Internet porn use", *Ansa*. Disponível em: <http://www.ansa.it/web/notizie/rubriche/english/2011/02/24/visualizza_new.html_1583160579.html>. Acesso em 19/02/2017; "Is internet pornography causing sexual dysfunctions? A review with clinical reports" *Behavioral Sciences*. Disponível em: <http://www.mdpi.com/2076-328X/6/3/17/htm>. Acesso em 19/2/2017. P. Damiano; B. Alessandro; F. Carlo, "Adolescents and web porn: A new era of sexuality". *International Journal of Adolescent Medicine and Health* (2015), 28: 169-173.

[3] Albert Mohler, "Hijacking the Brain: How Pornography Works". Disponível em: <http://www.albertmohler.com/2010/02/01/hijacking-the-brain-how-pornography-works>. Acesso em 19/2/2017.

[4] Ibid.

[5] William M. Struthers. *Wired for Intimacy: How Pornography Hijacks the Male Brain*. Londres: IVP Books, 2009, p. 76.

[6] Ibid., p. 69.

[7] G. Richards; A. Smith, "Caffeine consumption and self-assessed stress, anxiety, and depression in secondary school children". *Journal of Psychopharmacology*, dez. 2015, 29(12):1236-47. doi: 10.1177/0269881115612404. Epub 27/10/2015.

[8] Subin Park; Yeeun Lee; Junghyun H. Lee, "Association between energy drink intake, sleep, stress, and suicidality in Korean adolescents: energy drink use in isolation or in combination with junk food consumption". *Nutrition Journal*. 13/10/2016, 15(1):87; G. S. Trapp; K. Allen; T. A. O'Sullivan, M. Robinson; P. Jacoby; W. H. Oddy, "Energy drink consumption is associated with anxiety in Australian young adult males". *Depression and Anxiety*. Maio 2014, 31(5): 420-8. doi: 10.1002/da.22175. Epub, 9/2013.

Codependência

Na intenção de prestar ajuda aos dependentes químicos, alguns iniciam por um caminho perigoso: a relação de dependência mútua. Esse problema é frequente na família do viciado. Embora com boas intenções, a pessoa querida (mãe, pai ou irmão) acaba lutando de forma errada pelo viciado. Demonstra amor cego, cedendo a seus insistentes pedidos. Utiliza grande parte de seu tempo, esforço e energia emocional, mas acaba sendo um obstáculo na recuperação. É fundamental procurar ajuda profissional externa para acabar com esse perigoso efeito colateral.

Doze passos

Inicialmente criados pelos Alcoólicos Anônimos, esses princípios também são utilizados com êxito pelos que procuram abandonar (ou já abandonaram) os jogos de azar, a gula ou o sexo compulsivo:

1. Admitimos que não temos força para vencer nossos vícios.

2. Estamos convictos de que há um Poder superior (Deus) a nós, com capacidade de restaurar nossa saúde.

3. Decidimos submeter nossa vontade e nossa existência ao cuidado de Deus, de acordo com o conhecimento que cada um tem de Deus.

4. Fazemos um inventário moral de nossa vida, sem medo e com a devida introspecção.

5. Admitimos diante de Deus, de nós mesmos e de qualquer ser humano, que somos da mesma natureza que nossas más ações.

6. Estamos inteiramente preparados para que Deus elimine todos os nossos defeitos de caráter.

7. Com humildade, pedimos a Deus que elimine nossos erros.

8. Fazemos uma lista de todas as pessoas às quais temos causado algum prejuízo e nos dispomos a corrigir o mal praticado.

9. Corrigimos o mal praticado em todos os casos possíveis, exceto naqueles em que seja prejudicial para essas ou outras pessoas.

10. Continuamos fazendo um inventário pessoal e, diante de um equívoco, o reconhecemos imediatamente.

11. Temos o compromisso de orar e meditar para melhorar nosso contato com Deus, do modo como cada um conhece Deus. Nossa oração é unicamente para conhecer Sua vontade e obter a força necessária para praticá-la.

12. Havendo chegado a um despertamento espiritual como resultado desses passos, pretendemos levar essa mensagem a outros dependentes e praticar esses princípios em todos os aspectos de nossa vida.

Os grupos de apoio têm alcançado grande êxito durante décadas. Os fundamentos principais são: confiança em um Deus de amor como principal autoridade e fonte de poder; sobriedade total como meta; compromisso de ajudar pessoas que queiram abandonar seus vícios; e confidencialidade entre os participantes.

7

Sentimento de culpa

uitas pessoas vivem com um sentimento de culpa infundado; culpa falsa ou duvidosa. Isso lhes acarreta conflitos e as seguintes tendências: complexo de inferioridade, perfeccionismo, autoacusação constante, medo do fracasso (com o consequente estado de permanente vigilância) e exigência demasiada nos relacionamentos. Por outro lado, o sentimento de culpa é um recurso útil que estimula a conduta correta e respeitosa, favorecendo a boa convivência. O sentimento de culpa real é sintoma de uma consciência alerta, que serve de autocensura e previne os delitos e a falta de moral.

Por muitos anos, Carlão viveu como se não tivesse culpa alguma diante da família que abandonou e da filha que cresceu com uma série de problemas emocionais em decorrência do que sofreu na infância. Agora, vivendo em uma casa de repouso e vendo a morte se aproximar, finalmente sua consciência parece estar despertando. No entanto, o que fazer com esse sentimento? Não tinha mais como pedir perdão à esposa, e a filha, como já vimos, se recusava a vê-lo. O desespero e a frustração aumentavam dia após dia.

Se a culpa é comprovada, a solução está em buscar a reparação, sempre que possível, e pedir perdão a Deus e às pessoas ofendidas. Saiba que Deus está disposto a perdoar até as maiores falhas, mesmo aquelas que não são perdoadas em nível humano: "Embora os seus pecados sejam vermelhos como escarlate, eles se tornarão brancos como a neve; embora sejam rubros como púrpura, como a lã se tornarão" (Isaías 1:18). Para receber de Deus o perdão e a reconciliação, também é necessário perdoar os outros. Isso ajuda no processo de perdoar a si mesmo, que está no centro do sentimento de culpa.

Quanto à culpa infundada ou exagerada, o processo exige algumas atitudes. Entre as principais, podemos citar as seguintes:

Evitar os enfoques demasiadamente restritos – Os ambientes familiares ou sociais onde há autoritarismo e intimidação contribuem para uma consciência limitada, com o consequente risco de falsa culpa. É preciso buscar o afastamento desse tipo de situação.

Fazer o que é correto e descansar em Deus – Tome decisões e atitudes com base nos princípios divinos, descanse quanto aos resultados.

Tire lições de seus erros e falhas – Depois de pedir perdão a Deus e às pessoas afetadas por seus erros, e de buscar a reparação, faça disso uma motivação e um aprendizado para agir de modo diferente no futuro.

Abra o coração a alguém de grande confiança – Falar dos sentimentos de culpa a um amigo de confiança ajuda a organizar as ideias. Em todos os casos, serve de alívio para reduzir parte da tensão criada por esse sentimento.

Consciência insensível

A consciência nem sempre constitui uma norma de conduta sábia. Existem consciências demasiadamente limitadas. Outras, por sua vez, não têm limites. Os que são demasiadamente restritos esperam que o mesmo ocorra com os outros. E os que não têm limites acham que tudo está bem. Por isso, em Provérbios 16:25 está escrito: "Há caminho que parece reto ao homem, mas no final conduz à morte."

Portanto, é necessário contar com normas externas e transcendentes, princípios éticos de valor universal. Não é em vão que o apóstolo Paulo advertiu seu discípulo Timóteo a respeito de alguns que, tendo a consciência insensível, mandariam os crentes fazerem coisas absurdas (1 Timóteo 4:2, 3).

As consciências insensíveis não são capazes de servir como um guia de conduta confiável.

Outro lado da culpa

Um estudo realizado por Grazyna Kochanska e suas colegas constatou que o sentimento de culpa, na medida exata, ajuda as crianças a observar as normas e respeitar os outros. Participaram dessa pesquisa 106 meninos e meninas em idade pré-escolar, de dois a cinco anos de idade. Para verificar a medida da culpa, os pesquisadores fizeram com que as crianças acreditassem que haviam estragado um objeto de grande valor. Logo após, observou-se a conduta de cada uma, e foi solicitada a opinião tanto das mães quanto das próprias crianças. Estes são os resultados mais importantes:

• As meninas demonstraram maior sentimento de culpa que os meninos.

• Os pré-escolares de famílias bem estruturadas manifestaram menor sentimento de culpa.

• O nível de culpa das crianças de dois anos tinha relação com a autonomia moral das de cinco anos.

• As crianças com sentimento de culpa violaram menos regras do que as que não sentiam culpa.

• A medida justa da culpabilidade ajuda a prevenir a má conduta.

O perdão do Pai

Uma das mais belas e conhecidas parábolas contada por Jesus é a do filho pródigo, registrada em Lucas 15:11 a 32. Trata-se da história do pai e dos dois filhos, um dos quais, cansado da vida tranquila de casa, decidiu abandonar tudo e buscar a liberdade mundo afora. Como se não bastasse magoar o pai com sua atitude rebelde e ingrata, ele ainda pediu sua parte na herança da família, algo que os filhos só recebem quando os pais morrem. O pai, respeitando a liberdade de escolha do filho, deu-lhe o dinheiro.

O filho abandonou o lar.

Livre das restrições paternas, o rapaz passou a esbanjar o dinheiro em bebedeiras, festas e promiscuidade. Enquanto tinha recursos, esteve cercado de "amigos". O dinheiro se foi, e a fome chegou. O que fazer? Foi procurar emprego e acabou cuidando de porcos, um trabalho extremamente humilhante para um judeu. O jovem, que queria ser livre, viu-se, de repente, escravo das circunstâncias. Ele, que tinha tudo em casa, passou a disputar a ração dos porcos para não morrer de fome. Onde estavam os "amigos", as mulheres, o som de festa?

O texto diz que o jovem tinha ido para "uma terra distante", símbolo mais do que apropriado para o pecado, que nos leva para longe de Deus e de nós mesmos. Arranca tudo o que há de bom em nossa vida, alimentando por algum tempo a ilusão de liberdade e alegria. Porém, não existe felicidade longe de Deus, na "terra distante". Aquele jovem descobriu que, na "terra distante", só existem frustração, tristeza, humilhação, vazio e culpa.

No meio daquela situação deplorável, ele decidiu voltar com a intenção de ser aceito pelo pai como um de seus empregados. Esse filho ainda tinha muito a aprender sobre o homem a quem dera as costas. Porém, ainda que sua compreensão fosse limitada, ele sabia que o pai era justo e amoroso. E foi essa noção que o fez pensar em voltar. É sempre a bondade de Deus que nos leva ao arrependimento e nos atrai a Ele (Romanos 2:4; Jeremias 31:3).

Com a cabeça baixa, as roupas esfarrapadas e uma tonelada de culpa sobre si, ele se aproximou de casa, mas não surpreendeu o pai, que o avistou à distância e correu em sua direção, dando-lhe um abraço apertado, cobrindo sua miséria com a própria capa. O pai sempre estivera esperando. Nunca havia deixado de amar. Por isso, recebeu o maltrapilho arrependido como seu filho, sem lhe jogar no rosto os pecados. O passado estava esquecido; os pecados, perdoados; ninguém podia dizer nada em contrário.

O inimigo de Deus vive contando a mentira de que o Senhor não pode aceitar pecadores de volta, a menos que sejam bons o bastante para poder voltar. Se esperar até que isso aconteça, o pecador nunca irá a Deus.

A mensagem central da parábola é o amor do pai, que claramente representa Deus. Ele nos aceita, perdoa e ama. Sempre. Esse conhecimento faria grande diferença na vida de Carlão e de todo pecador que vive sob a nuvem pesada do sentimento de culpa.

Você já tomou a decisão de voltar para o Pai?

Faça um teste

Há uma relação direta entre determinadas condutas e o sentimento de culpa. As perguntas seguintes apresentam condutas associadas à culpa. Responda com um SIM ou um NÃO.

1. Você cresceu em um ambiente onde havia autoritarismo e intimidação?
2. É muito difícil perdoar os próprios erros?
3. É difícil para você perdoar aqueles que o ofendem?
4. Está constantemente com medo de quebrar alguma regra social?
5. Você se assusta diante de qualquer indício de má notícia?
6. Sente medo sempre que pensa no futuro?
7. Fica muito aborrecido quando alguma coisa não sai de maneira perfeita?
8. Sente-se excessivamente incomodado com a falta de pontualidade?
9. Sente, com frequência, complexo de inferioridade?
10. Sente-se facilmente desgostoso consigo mesmo e com os outros?
11. Fica excessivamente preocupado com o julgamento que os outros fazem de você?
12. Na sua imaginação, Deus está sempre descontente por causa de seus pecados e imperfeições?

Se você respondeu SIM para mais de três perguntas, é propenso a ter falsa culpa e deve buscar soluções. Comece pelos conselhos deste capítulo e procure ajuda profissional.

8

Um monstro dentro de nós

Vamos apresentar-lhe a última personagem deste livro. Apesar da pouca idade – Isabela tem apenas seis anos –, quando tinha seus acessos de raiva, ninguém queria ficar por perto. Era realmente de dar medo – e dó. Quanto mais ela agia assim, mais *bullying* sofria, num círculo vicioso de provocação, explosões de raiva e mais provocações. Ela simplesmente perdia o controle e passava a agredir os colegas e a professora. Na maior parte do tempo, era dócil e introspectiva, o que levava os professores e orientadores da escola a desconfiar de que ela estivesse extravasando alguma mágoa contida ou revolta com alguma situação, possivelmente na família. Aliás, fazia tempo que o pai dela não comparecia às reuniões de pais e professores.

Mesmo sendo apenas uma criança, Isabela sabia que o ódio, a ira e a agressividade não trazem benefício algum. No entanto, são tendências fortes, e muitos não sabem como lidar com elas, sejam crianças ou adultos. Como consequência, as pessoas ficam amarguradas por acabar pagando isso com a própria saúde, além de prejudicar seus relacionamentos.

A ira e o ódio podem se manifestar ocasionalmente e, como sentimentos humanos, podem se tornar inevitáveis. Porém, quando ultrapassam o nível esporádico, são reações que causam devastação nos relacionamentos familiares, sociais e de trabalho. A agressividade física é inaceitável em qualquer grupo humano e deve ser prevenida. Ao que tudo indicava, Isabela não estava sofrendo agressões físicas, mas era evidente que sofria algum tipo de privação de amor. Algo não estava bem no lar daquela criança.

Como evitar a ira e a agressividade

Observando a si mesmo e adotando hábitos simples de calma e tranquilidade, cada um pode, com a ajuda divina, dominar os impulsos de ira e agressividade. Veja algumas sugestões:

Considere a verdadeira importância da situação – Se você observar friamente, quase sempre os motivos da raiva são insignificantes. Pergunte a si mesmo: É realmente importante o motivo da minha ira? O que acontecerá se as coisas não saírem do meu jeito? Vale a pena esbanjar tanta adrenalina? Terei que me arrepender se perder a compostura?

Respire fundo e acalme-se – A respiração relaxa. Use-a pausadamente e de modo profundo quando sentir que a ira se aproxima. Dê instruções a você mesmo: "Calma, não vai acontecer nada! Controle-se, pois isso já vai passar." Foi Thomas Jefferson quem disse a famosa frase: "Quando está zangado, conte até 10 antes de falar. Se estiver muito irritado, vá até o 100." Uma dica: nunca envie um *e-mail* quando estiver com raiva. Se quiser, até escreva, mas salve-o como rascunho e leia a mensagem, de novo, horas depois.

Procure se distrair – Pensar no que lhe causa ira é jogar lenha na fogueira. Ore a Deus, pedindo que o ajude a superar o sentimento negativo, e faça alguma atividade que ocupe sua mente com outras coisas, até a raiva diminuir.

Escolha a solução certa – Evite dizer aos outros frases como estas: "Você é egoísta." "Sua atitude é sempre a mesma comigo." "Você não se importa com o que penso." Procure se expressar com frases positivas: "Eu gostaria que você tentasse fazer de outra forma", "Fico muito triste com essa atitude", "Talvez devêssemos fazer isso ou outra coisa; eu posso ajudar de alguma forma."

Não considere o oponente um inimigo – Quando alguém o irritar com sua conduta ou palavras, não pense que o está provocando. Pense em outros motivos e circunstâncias que expliquem esse comportamento. Se ele ou ela realmente tem más intenções, você admitirá que é uma pessoa infeliz e merece compaixão pela sua conduta inconveniente.

Pratique o perdão – Perdoar não significa perder a batalha. Um antigo provérbio diz: "Perdoe o ofensor, e sairá vencedor." Perdoar não somente produz calma e paz em você, mas também na outra pessoa, que, além disso, acabará respeitando você por sua nobreza e generosidade.

Seja grato – A Bíblia diz: "Deem graças em todas as circunstâncias, pois esta é a vontade de Deus para vocês em Cristo Jesus" (1 Tessalonicenses 5:18). Pesquisas confirmam que o simples fato de se mostrar grato por algo torna alguém mais feliz. Pesquisadores da Universidade da Califórnia afirmam que praticar constantemente a gratidão pode até melhorar a saúde.[1]

Ore – A Bíblia também diz: "Amem os seus inimigos e orem por aqueles que os perseguem" (Mateus 5:44). Pesquisadores mostraram que, se a pessoa orar pelo indivíduo que a deixou com raiva, isso ameniza o sentimento ruim, dissipando os pensamentos negativos.[2]

Efeitos da ira

Embora, no passado, fosse considerado vantajoso destampar a "panela de pressão" quando se estava irado, hoje está claro que os riscos ultrapassam qualquer pequena vantagem que se possa alcançar com essas más atitudes. Comparados com as pessoas de hábitos pacíficos, os que ficam irados, em geral, enfrentam as seguintes situações:

• Têm quatro vezes mais propensão a sofrer de doença coronariana.
• Correm maior risco de morrer jovens.
• Experimentam sentimentos de culpa após suas atitudes explosivas.
• Seus familiares e amigos os evitam por causa de seu mau gênio.
• Mantêm uma relação matrimonial mais conflituosa.
• São mais propensos ao uso de substâncias nocivas (fumo, álcool, drogas, etc.).
• Correm maior risco de comer em excesso e sofrer aumento de peso.

Antes de ficar enraivecido, pense duas vezes, pois é possível deter essa conduta e evitar mais prejuízos.

Profetas irritados

A Bíblia traz alguns exemplos interessantes de pessoas que se deixaram vencer pela ira. Aliás, este é outro detalhe especial das Sagradas Escrituras: seus autores não "douram a pílula" nem posam de heróis infalíveis. Seus defeitos estão todos ali registrados. Sabe por quê? Sempre há esperança para quem se submete à vontade e ao poder divinos. Vamos falar de dois profetas: um, do Antigo Testamento; outro, do Novo Testamento.

Jonas recebeu de Deus uma missão tremendamente difícil: pregar aos moradores da cidade de Nínive. Para você ter uma ideia do que isso implicava, basta saber que, na época, essa cidade com mais de 100 mil habitantes era a capital do terrível Império Assírio. Esse povo era tão mau que não se contentava em matar seus oponentes; eles os torturavam de forma requintada. Eram inimigos de Israel, e Deus queria que Seu profeta fosse até a capital deles levar uma mensagem. Aí já era demais!

Jonas fugiu da missão. Tomou um navio para o lado oposto. E o desenrolar da história é mais conhecido que seu desfecho. Quase todo mundo sabe que o profeta foi engolido por um "grande peixe", sendo, depois de três dias, regurgitado na praia. Na barriga do "peixe", Jonas orou e se arrependeu. Foi à cidade dos assírios, disse que ela seria destruída, caso seus moradores não se arrependessem, deu meia-volta e sentou-se para ver o que aconteceria. Mas não aconteceu nada. Melhor dizendo, aconteceu: os ninivitas se arrependeram e mudaram de atitude. Toda a cidade! Isso deixou o profeta irritado. Afinal, ele não havia anunciado destruição? Irritou-se com a misericórdia de Deus e se queixou ao Criador.

Deus apenas perguntou: "Você tem alguma razão para essa fúria?" (Jonas 4:4), e ficou em silêncio, deixando Seu filho refletir.

Algum tempo depois, Deus voltou a falar, revelando um pouco mais do Seu caráter de amor: "Nínive tem mais de cento e vinte mil pessoas que não sabem nem distinguir a mão direita da esquerda, além de muitos rebanhos. Não deveria Eu ter pena dessa grande cidade?" (Jonas 4:11). Deus é assim: compassivo, perdoador, paciente. Ama a todos, inclusive os animais! No livro de Jonas, vemos o Criador trabalhando pela salvação dos ninivitas e de Seu profeta irritado.

No Novo Testamento, quando se fala em transformação, uma das pessoas que chamam a atenção é João, mais conhecido como "filho do trovão". Ai daquele que atravessasse o caminho dele num dia ruim! Certa vez, até pediu permissão a Jesus para fazer descer fogo do céu contra alguns desafetos! Mas o tempo de convivência com o Mestre foi moldando o caráter do discípulo. Em poucos anos, ele deixou de ser o "filho do trovão" para ficar conhecido como "o discípulo do amor". Qual foi o segredo? Simples: proximidade com Jesus. Quem vive assim, pode dizer como Paulo: "Fui crucificado com Cristo. Assim, já não sou eu quem vive, mas Cristo vive em mim. A vida que agora vivo no corpo, vivo-a pela fé no filho de Deus, que me amou e Se entregou por mim" (Gálatas 2:20).

Não precisamos lutar sozinhos. Deus é o maior interessado em que desfrutemos paz interior. Ele oferece essa bênção para toda pessoa que desejar, até mesmo para uma criança de seis anos como a Isabela. Infelizmente, no lar dela, não havia qualquer tipo de prática religiosa que pudesse levá-la a um relacionamento com o "Papai do Céu". Isso, porém, estava prestes a mudar.

[1] Robert A. Emmons e Davis Michael E. McCullough, *Journal of Personality and Social Psychology*, "Counting blessings versus burdens: An experimental investigation of gratitude and subjective well-being in daily life". Disponível em: <http://greatergood.berkeley.edu/pdfs/GratitudePDFs/6Emmons-BlessingsBurdens.pdf>. Acesso em 9/2/2017. Mei-Yee Ng, Wing-Sze Wong, *Journal of Health Psychology*, "The differential effects of gratitude and sleep on psychological distress in patients with chronic pain". Disponível em: <http://journals.sagepub.com/doi/abs/10.1177/1359105312439733>. Acesso em 9/2/2017.

[2] Alex M. Wood, Jeffrey J. Froh, Adam W. A. Geraghty, "Gratitude and well-being: A review and theoretical integration", *Clinical Psychology Review*. Disponível em: <http://greatergood.berkeley.edu/pdfs/GratitudePDFs/2Wood-GratitudeWell-BeingReview.pdf>. Acesso em 9/2/2017.

Faça um teste

Para saber se você é propenso a ficar irado, responda SIM ou NÃO a estas perguntas:

1. É difícil para você esquecer as coisas ruins que os outros lhe fazem?
2. Quando não está de acordo com seus amigos, acaba discutindo de modo acalorado?
3. Quando pensa em seu oponente, sente contrações abdominais e fortes batimentos cardíacos?
4. Você se irrita muito quando precisa ficar em uma fila?
5. Fica enfurecido consigo mesmo quando não consegue controlar as emoções?
6. Fica muito aborrecido quando os outros não são pontuais ou não fazem as coisas de maneira completa?
7. Tem a tendência de não lembrar de nada do que falou enquanto estava furioso?
8. Tem observado efeitos prejudiciais em seus relacionamentos por causa de seu mau gênio?
9. Depois de ficar irado, sente forte desejo de comer, fumar ou tomar bebidas alcoólicas como compensação pelo ocorrido?
10. Já se enfureceu alguma vez até o ponto de bater em alguém ou em algum objeto?

- Se respondeu SIM a oito ou mais perguntas, procure ajuda o mais rápido possível para conseguir controlar sua ira. Seus relacionamentos pessoais, familiares e de trabalho estão correndo sério risco.
- Se respondeu SIM de quatro a sete perguntas, é uma advertência de que está próximo do perigo. Procure desenvolver a paciência e a tolerância, e poderá conviver de forma diferente, manter a calma, ceder, observar os outros e aprender como conseguir o que deseja usando boas maneiras.
- Se respondeu SIM a três perguntas ou menos, você está na posição certa para enfrentar a ira e o ódio. Continue assim, pois você é uma pessoa difícil de se abalar.

9

Dicas do Fabricante

Imagine que você está caminhando em uma praia e vê uma frase escrita na areia: "No princípio, criou Deus os céus e a Terra." Então se aproxima um surfista e diz: "Essas palavras *apareceram* aí na areia." Você aceitaria essa "explicação"? E se ele dissesse que as ondas foram batendo contra a praia e o vento foi soprando sobre os grãos de areia a ponto de organizá-los daquela forma? Você ainda não acreditaria? E se ele, por fim, dissesse que isso aconteceu durante milhões de anos? Ajudaria?

É claro que a gente não consegue aceitar uma história dessas. Sabe por quê? Porque intuitivamente sabemos que informação depende de uma fonte informante. Informação não surge do nada. E, se uma frase escrita na areia nos leva a essa conclusão, o que dizer da tremenda quantidade de informação contida no código da vida, o DNA?

O núcleo de uma ameba, por exemplo, tem tanta informação que daria para encher uma enciclopédia. E, se fosse impresso como listas telefônicas, o genoma humano formaria uma pilha de volumes de cerca de 170 metros de altura! Esqueça a frase na areia, pois agora a coisa ficou muito mais complicada!

A complexidade da vida aponta para um projeto que, por sua vez, aponta para o Projetista. É exatamente isso o que Paulo escreveu em Romanos 1:19 e 20: "O que de Deus se pode conhecer é manifesto entre eles, porque Deus lhes manifestou. Pois desde a criação do mundo os atributos invisíveis de Deus, Seu eterno poder e Sua natureza divina, têm sido vistos claramente, sendo compreendidos por meio das coisas criadas".

Deus é o criador da vida, e ninguém melhor do que Ele para nos dizer como nosso corpo funciona de maneira mais adequada. A boa notícia é que Ele nos deixou um verdadeiro manual de instruções na Bíblia Sagrada. Curiosamente, as oito principais dicas do Fabricante (que alguns chamam de "remédios naturais") estão delineadas desde o começo, no primeiro livro das Escrituras, o Gênesis. Se forem seguidas, podem trazer saúde física, mental e espiritual.

Encare este capítulo como uma verdadeira prescrição do Médico dos médicos. São sete atitudes saudáveis confirmadas por inúmeras pesquisas científicas. Acredite, elas funcionam! E melhor: são gratuitas. Comece pelas que considerar mais fáceis (quem sabe, beber mais água) e vá progredindo na prática das demais. Deixaremos a oitava dica para o último capítulo. É uma surpresa! Você verá a diferença que ela fez na vida do estressado Paulo, da ansiosa Laura, do depressivo Carlão e da pequena Isabela, com seus episódios de ira. Porém, resista à tentação de correr para lá agora. Leia, primeiramente, o que vem a seguir. Conte com a ajuda divina para aplicar esses conceitos em sua vida e volte a eles quantas vezes precisar.

Confira a seguir as dicas adaptadas da matéria "Os mais simples remédios", preparada por Francisco Lemos e publicada na revista *Vida e Saúde*.[1]

1. Beba água

"Era a Terra sem forma e vazia; trevas cobriam a face do abismo, e o Espírito de Deus Se movia sobre a face das águas" (Gênesis 1:2).

O corpo humano é formado por 70% de água. Portanto, fica claro que repor constantemente a água que perdemos é uma atitude que representa saúde e longevidade. A água limpa o organismo e elimina as impurezas do sangue. A cada hora, o volume do sangue do corpo passa pelos rins dez vezes, para ser purificado.

Não tomar água frequentemente deixa o corpo vulnerável a inflamações e infecções, principalmente dos rins e das vias urinárias. Mas qual seria a quantidade ideal de água que deveríamos beber todos os dias? Em média, recomendam-se oito copos por dia, entre as refeições, evitando-se ingerir líquido com a comida.

Benefícios da água – Quando você bebe água suficientemente, seu corpo se sente bem e envia um sinal positivo ao cérebro. Isso ajuda a melhorar o bom humor e, consequentemente, a produtividade. Quando o estômago recebe água, é prolongada a sensação de saciedade. Além disso, é bom lembrar que a água não contém calorias, gorduras, carboidratos nem açúcar, substituindo com muita vantagem bebidas com alto teor calórico, como o álcool, os refrigerantes e sucos industrializados.

A água hidrata a pele, o que ajuda a aumentar sua elasticidade e retardar as marcas do envelhecimento.

A água ajuda a fortalecer o sistema de defesa do corpo. Fortalecido, ele pode lutar melhor contra as doenças.

E se eu não beber? – Se você se sente cansado, um dos motivos pode ser a falta de água. Ela elimina toxinas e rejeitos que podem prejudicar o organismo. Além disso, quando você ingere pouca água, o coração precisa trabalhar mais para bombear o sangue.

Muitas vezes, o motivo das dores de cabeça e das enxaquecas tem que ver com a desidratação. Quando a cabeça doer, antes de tomar algum remédio, beba água para se hidratar. Pode ser que o problema seja resolvido.

Mau hálito pode ser sinal de desidratação. A saliva ajuda a boca a se livrar de bactérias e mantém a língua hidratada.

Como você pôde perceber, água é vital, tanto para o planeta quanto para o nosso corpo. Beba água!

2. Tome banho de sol

"Disse Deus: 'Haja luz', e houve luz" (Gênesis 1:3).

Os raios solares exercem múltiplos efeitos sobre o corpo humano. Eles ajudam a combater bactérias e outros micro-organismos. A ação antisséptica é produzida pelos raios ultravioleta. Se a dose de radiação solar que a pele recebe for conveniente, todos os processos vitais serão estimulados pela luz visível, assim como pelos raios infravermelhos e ultravioleta, que não podem ser vistos. Entenda como eles agem:

Na pele – Dilatam os vasos superficiais, provocando maior afluxo de sangue à pele, contribuindo para evitar o acúmulo de sangue nos órgãos internos do tórax e do abdômen. Estimulam a produção de melanina, pigmento celular que proporciona o tom bronzeado, e, ao mesmo tempo, fortalece as camadas superficiais da pele, protegendo-a contra o excesso de radiação solar. Têm ação bactericida, eliminando diversos micro-organismos. Por isso, ajudam a desinfetar e cicatrizar as feridas superficiais.

Nos ossos – Ajudam a sintetizar a vitamina D nas células da pele. Essa vitamina favorece a assimilação do cálcio ingerido com os alimentos, contribuindo decisivamente na formação e bom estado dos ossos.

Nos músculos – Melhoram a irrigação sanguínea e estimulam os processos bioquímicos produtores de energia que ocorrem nas células musculares. O resultado é desenvolvimento maior e tônus muscular, especialmente benéfico para os enfermos submetidos à imobilização.

No sangue e no metabolismo – Estimulam a hematopoese, ou seja, a produção de glóbulos vermelhos, glóbulos brancos e plaquetas na medula óssea. Diminuem o nível de glicose no sangue, aumentando a tolerância aos hidratos de carbono, o que é benéfico para os diabéticos.

No sistema cardiorrespiratório – Estimulam o sistema nervoso simpático, elevando a pressão arterial, do pulso, da respiração, do metabolismo basal e o consumo de oxigênio. Mas, à medida que a pele começa a ficar bronzeada e mais resistente, a pressão arterial e o metabolismo basal diminuem, fazendo com que o pulso e a respiração fiquem mais lentos.

No sistema nervoso – Estimulam as terminações nervosas da pele, influindo favoravelmente sobre o cérebro e provocando uma reconfortante sensação de bem-estar.

No sistema endócrino – Os estímulos luminosos que impressionam a retina são transmitidos ao cérebro em forma de impulsos nervosos que atuam, entre outros órgãos, na hipófise, controlando a produção de hormônios nas demais glândulas endócrinas. A atividade dos ovários e dos testículos, por exemplo, depende em grande parte da quantidade de luz que chega à retina.

Cuidados – Quanto mais tempo ficar sob a radiação solar, e quanto mais clara for a pele, tanto maiores serão os efeitos negativos. Destaque para queimaduras de primeiro grau, envelhecimento da pele e até mesmo o câncer. Nos olhos, pode desencadear conjuntivite e ceratomalacia (inflamação da córnea), além de favorecer a formação de catarata e degeneração macular (alteração da retina com perda da visão).

Modo de usar – Abra a janela do quarto e afaste cortinas e persianas. Caminhe diariamente ao ar livre, mesmo que esteja nublado. Quando possível, entre as 7 e 9 horas ou entre as 16 e 17 horas, tome seu "banho de sol". Cerca de 20 a 30 minutos de exposição são suficientes. Se o local em que você trabalha é totalmente fechado, permaneça alguns minutos ao ar livre no horário de almoço. Ao fazer exercícios, prefira estar ao ar livre ou em um ambiente bem iluminado e com janelas abertas.

3. Respire fundo

"Então Deus fez o firmamento [atmosfera] [...]. Ao firmamento Deus chamou céu" (Gênesis 1:7, 8).

Nossos pulmões inalam mais de 20 mil litros de ar por dia. Sua área de superfície é grande o suficiente para cobrir uma quadra de tênis. O nariz é o nosso sistema de ar-condicionado pessoal: ele aquece o ar frio, esfria o ar quente e filtra impurezas.

O ar contém aproximadamente 20% de oxigênio, sendo o restante nitrogênio e outros gases. Uma vez que o corpo humano funciona com oxigênio, cada uma das células precisa receber um suprimento constante e renovado desse gás, ou então morre.

Diariamente, passam pelos pulmões 12 metros cúbicos de ar, que entra no aparelho respiratório, atinge os alvéolos pulmonares, alcançando uma área superior a 70 metros quadrados. O problema é que o mesmo ar que transporta o oxigênio vital também pode levar outros gases menos saudáveis, além de partículas que atingem os alvéolos e outras regiões onde produzem irritação.

Geralmente, a poluição do ar atua como fator coadjuvante na doença de uma pessoa, pois agrava o quadro já existente. Pessoas com doenças respiratórias e cardiovasculares são as mais suscetíveis à poluição atmosférica.

Precisamos respirar – A despeito da poluição do ar, precisamos respirar. Uma pessoa em trabalho sedentário necessita de 300 a 500 litros de ar, e, se estiver fazendo um trabalho físico intenso, vai precisar de 2.500 a 4.000 litros por hora. Por isso, é importante passar o maior tempo possível em contato com a natureza e nas zonas rurais, onde o ar é mais limpo.

Quando respiramos calma e profundamente com regularidade, além de irrigar o cérebro, o ar chega a todas as partes dos pulmões, fazendo com que o sangue também circule adequadamente por elas. Há também um aumento da resistência local a infecções das vias respiratórias (laringe, traqueia e brônquios); as mucosidades retidas nas vias respiratórias se mobilizam e saem mediante a expectoração ou tosse; aumenta a resistência às infecções; melhora o rendimento intelectual e reduz a irritabilidade.

Siga essas dicas para respirar melhor:

• Elimine a fumaça dentro de ambientes fechados.

• Limpe regularmente os dutos de ar e os filtros dos aparelhos de ar-condicionado.

• Areje sua casa, abrindo portas e janelas pelo menos uma vez por dia. Em dias nublados e cheios de fumaça, faça isso à noite ou logo pela manhã.

• Se possível, durma com uma janela aberta para ventilar o quarto.

• Use purificadores de ar com moderação.

• Não deixe o carro ligado em uma garagem contígua à casa ou próximo a uma janela aberta.

• Faça exercícios físicos aeróbicos (correr, nadar, andar de bicicleta, caminhar vigorosamente).

• Conserve o motor do seu automóvel regulado e, se possível, deixe-o em casa algumas vezes e vá a pé para o trabalho.

• Beba água, pelo menos de seis a oito copos ao dia.

• Mantenha a pele limpa e hidratada.

• Lave os cabelos com frequência.

• Não jogue lixo nem detritos a céu aberto.

• Ao estabelecer residência, procure lugares com melhor qualidade de ar.

• Habitue-se a passar fins de semana e feriados longos fora da cidade. Respire o ar puro do campo.

• Não se exercite em locais de tráfego automobilístico intenso.

4. Alimente-se bem

"Disse Deus: Eis que lhes dou todas as plantas que nascem em toda a terra e produzem sementes, e todas as árvores que dão frutos com sementes. Elas servirão de alimento para vocês" (Gênesis 1:29).

O cardiologista Everton Padilha Gomes concluiu um estudo intitulado Advento-Incor, em seu doutorado em Cardiologia pela Faculdade de Medicina da Universidade de São Paulo (USP). O estudo, feito a longo prazo, teve como proposta analisar o estilo de vida dos adventistas do sétimo dia e a prevalência de fatores precipitantes de doenças crônicas, especialmente cardiovasculares. Os resultados dos que seguem a orientação do estilo de vida adventista, incluindo o vegetarianismo, foram comparados com os de pessoas que não seguem esses princípios.

Pesquisas nos Estados Unidos já haviam mostrado que os adventistas que seguiam as recomendações de saúde da igreja, como alimentação balanceada e exercício físico, viviam até dez anos mais que a média dos americanos. Everton reproduziu a pesquisa norte-americana em São Paulo com 1,5 mil adventistas, com idade entre 35 e 74 anos.

Os participantes foram divididos em três grupos: vegetarianos estritos, ovolactovegetarianos (vegetarianos que comem ovo e tomam leite) e pessoas que comem carne. O grupo dos vegetarianos obteve as respostas mais significativas: redução de 10% da medida da cintura e colesterol total 10% menor. Os índices que indicam maior predisposição ao diabetes e alterações nos vasos sanguíneos foram animadores, com uma redução de 20%.

Everton aproveita os dados para reforçar que "o mais importante é aumentar o consumo de frutas, legumes e verduras em nossa alimentação, e que os vegetarianos tenham uma dieta equilibrada".

No início da pesquisa, ele ainda mantinha os mesmos hábitos, até que, pouco a pouco, foi se rendendo: "Ou eu permanecia com autojustificativas e depois sofreria as consequências de um estilo de vida inadequado, muitas das quais eu já estava começando a padecer, ou eu me rendia diante das evidências", confessa.

Felizmente, o doutor Everton optou pelo caminho mais trabalhoso, mas também mais compensador. A dedicação ao Estudo Advento foi o grande confronto de que precisava. Seus 128 quilos e índice de massa corporal 41 passaram a incomodar mais do que antes. Além disso, desejava que seu discurso médico estivesse em harmonia com suas práticas pessoais de saúde. "Posso dizer que 'tirei a poeira' de muita coisa que sabia da medicina e de muita coisa que sabia pela igreja, mas não aplicava", constata.

A partir da decisão por um novo estilo de vida, Everton afirma que nenhuma fórmula mágica foi necessária, nem dieta especial: "Adotei uma dieta regular de três refeições diárias compostas por alimentos simples. Também excluí o açúcar e a maioria dos refinados."

As horas, após o trabalho, gastas com a leitura de e-mails, redes sociais, filmes e séries foram substituídas pela esteira. "Não foi fácil, especialmente no primeiro mês. O espantoso é ver que o organismo realmente é dependente de algumas coisas. Inicialmente, eu me sentia sem forças. Depois, foi ficando mais fácil. Hoje em dia, sem exagero, sinto até enjoo do cheiro de determinados alimentos. Meu paladar ficou mais apurado. Enfim, sinto que meu organismo está funcionando melhor. Em três meses, meus exames clínicos mudaram significativa e positivamente. Nem nos meus pacientes, que fazem uso dos medicamentos mais sofisticados, vi algumas das mudanças que experimentei", ressalta Everton.

O cardiologista perdeu quase 50 quilos em um ano. Enquanto aplicava a pesquisa aos voluntários, ele mesmo passava pela maior experiência. Atualmente, ele sente mais liberdade em aconselhar os pacientes, pois eles veem a diferença na vida do próprio médico.

Além de calorias, proteínas, gorduras, vitaminas e minerais, alimentos como laranjas, brócolis e tomates têm princípios medicamentosos admiráveis. Esses alimentos, apelidados de funcionais, podem ser classificados em dois grupos: alimentos com atividade imunomoduladora (possuem fitoquímicos capazes de modelar e ativar a ação do sistema imunológico) e alimentos com atividade antioxidante (combatem os radicais livres). A verdade é que os alimentos foram criados para atender às necessidades nutricionais dos seres vivos. Conhecê-los e saber como usá-los é sinônimo de boa saúde.

A melhor forma de ingerir os alimentos é em seu estado mais natural possível. O ideal é que no mínimo 50% da refeição seja de alimentos crus. Prefira alimentos integrais, altamente nutritivos e ricos em fibras capazes de reduzir a exposição a agentes cancerígenos devido à sua capacidade de regular o funcionamento intestinal.

Alimentos muito processados, gorduras animais e gorduras trans, açúcar, sal e cereais refinados trazem muitos prejuízos à saúde, gerando obesidade, câncer, diabetes e diminuição da resistência imunológica. Embutidos e refrigerantes fazem parte de uma longa lista de produtos que comprovadamente fazem mal ao organismo.

É preferível que sejam feitas três refeições por dia, alimentando-se bem pela manhã e de maneira leve à noite, horas antes do momento de dormir. Também é bom evitar ingerir líquidos com a comida, como já dissemos.

Uma boa nutrição começa com a sábia escolha dos tipos de alimentos que serão transformados em nutrientes necessários para manter o corpo em boas condições. É no intestino que esses nutrientes são absorvidos. Uma dieta rica em fibras promove o bom funcionamento dos intestinos, o que é muito importante para a saúde.

As glândulas salivares levam algumas horas para recarregar o "estoque" de ptialina. Quando se come qualquer coisa antes da refeição habitual, o cérebro manda a glândula liberar saliva. O estômago também precisa de um "descanso" entre uma refeição e outra. Por isso, procure comer em horários adequados e evite "beliscar" fora de hora.

5. Pratique exercícios

"O Senhor Deus colocou o homem no jardim do Éden para cuidar dele e cultivá-lo" (Gênesis 2:15).

Uma coisa é certa, e os médicos do mundo inteiro concordam com ela: fazer exercícios físicos regulares proporciona benefícios que nenhuma caixa de remédio pode oferecer. Afinal, fomos criados para uma vida ativa e natural.

No livro *Corpo Ativo, Mente Desperta*, John Ratey, professor de Psiquiatria em Harvard, afirma que níveis tóxicos de estresse desgastam as conexões entre os bilhões de neurônios e que a depressão crônica contrai certas áreas do cérebro. Por outro lado, o exercício físico libera uma cascata de neuroquímicos e fatores de crescimento que podem reverter esse processo, ajudando a sustentar a infraestrutura cerebral. Isso contribui até mesmo para a capacidade de aprendizado.

Há muitas outras vantagens na prática de exercícios físicos:

• Eles ajudam a fortalecer o coração e aumentam a capacidade pulmonar, o que dá à pessoa mais disposição para as tarefas comuns do dia a dia.

• Fazer exercícios físicos previne a osteoporose, pois ajuda os ossos a reter maior quantidade de cálcio.

• Exercícios aeróbicos (correr, andar de bicicleta, nadar e caminhar com energia) combatem o estresse e a depressão, além de, entre outros benefícios, reverter o quadro das doenças metabólicas adquiridas (diabetes, câncer e doenças do coração).

• Diminuem a pressão arterial, pois, após o exercício, a quantidade de adrenalina diminui. Além de controlar a pressão, a prática moderada do exercício físico evita que pessoas normais venham a sofrer com o problema.

• O exercício físico regular reduz os altos níveis de colesterol e de gordura saturada na circulação. Além disso, aumenta a produção do bom colesterol, que protege as artérias.

• A prática de exercícios ajuda a recuperar os limites fisiológicos em termos de necessidades alimentares, principalmente se o exercício for acompanhado de alimentação natural. Além disso, a tireoide é estimulada a permanecer várias horas funcionando após o esforço físico, acelerando o metabolismo geral. Isso ajuda a controlar o peso.

• Exercícios físicos liberam endorfinas e levam a uma sensação de bem-estar; mantêm o humor sob controle; em longo prazo, reduzem a frequência cardíaca de repouso, aliviando o coração; facilitam a ação da insulina e a circulação periférica, tratando o diabetes tipo 2; melhoram a autoimagem; reduzem a taxa de triglicérides; favorecem o bom sono. De fato, a lista dos benefícios é muito mais extensa.

Se você ainda não se convenceu de que precisa se mexer, saiba que a inatividade continuada pode levar à falta crônica de aptidão física, tornando a pessoa vulnerável ao cansaço e ao esforço físico que fugir ao seu normal. O sedentarismo é causa comprovada de várias doenças.

Portanto, mexa-se! Seu corpo, seu cérebro e suas emoções agradecem!

6. Descanse

"No sétimo dia Deus já havia concluído a obra que realizara, e nesse dia descansou. Abençoou Deus o sétimo dia e o santificou, porque nele descansou de toda a obra que realizara na criação" (Gênesis 2:2, 3).

O trabalho excessivo encontrou campo fértil em nossa disposição inata para o consumo e o acúmulo de bens. Para ter coisas, muitas vezes, nos matamos de tanto trabalhar. Muitos vivem no limite do cansaço, sem dar um tempo à vida (como o Paulo, lembra?). Descansar é mais do que a suspensão de atividades. É renovação e reconstrução. Vejamos algumas atitudes que podem ajudar você a ter um pouco mais de descanso.

Trabalhe na medida certa – Encerre seu expediente no horário normal e, ao voltar para casa, deixe todos os problemas no trabalho. Se pensa que sem você o serviço não anda ou que a empresa vai falir, lembre-se de que, se você ficar doente, ou morrer, outro o substituirá.

Relaxe – Os músculos necessitam de um período de descanso e recuperação. Um dos melhores relaxantes fisiológicos é o exercício físico. Meia hora de caminhada vigorosa, por exemplo, já é suficiente.

Durma – Não sacrifique suas preciosas horas de sono em atividades que o deixarão mais tenso ainda. Se você tem insônia, evite tomar calmantes para dormir. Faça exercícios físicos moderados pelo menos quatro vezes por semana. Não coma muito à noite. Dê preferência a uma alimentação à base de frutas e pão integral. Apague todas as luzes. Um banho morno antes de ir para a cama também ajuda a relaxar. Antes de ir dormir, evite atividades ao computador, filmes e noticiários, pois agitam o cérebro. Leia um salmo da Bíblia e experimente confiar em Deus. Entregue a Ele seus problemas e preocupações.

Um dia em cada semana – Reserve um dia da semana como especial para repouso físico, mental e espiritual. Como já vimos, foi pensando nisso que Deus estabeleceu a semana mediada por um dia de repouso: o sábado. Nesse dia, o repouso conforme o mandamento bíblico inclui a cessação de todas as atividades do trabalho comum e a separação de tempo para meditar e realizar atividades, tais como visitar enfermos e pessoas necessitadas (Mateus 12:12). Se você é uma daquelas pessoas que acreditam que não podem parar nunca, lembre-se de que Deus criou o mundo em seis dias e fez uma pausa no sétimo.

Trinta dias em cada ano – Aproveite as férias para ficar com seus filhos. Esse período deve ser sagrado para a família. Saia e faça coisas diferentes, mude de atividade. Mesmo que seja dono de seu negócio, não abra mão de montar um esquema de férias. Dê um jeito. Você precisa disso. A vida passa, os filhos crescem, nós envelhecemos, e o trabalho permanece como sempre.

7. Pratique o domínio próprio

"Coma livremente de qualquer árvore do jardim, mas não coma da árvore do conhecimento do bem e do mal" (Gênesis 2:16, 17).

Compulsão é a dificuldade que uma pessoa tem de exercer controle sobre um hábito. Estima-se que um terço dos brasileiros adultos lute contra algum tipo de compulsão. Fala-se de compulsão alimentar, compulsão relacionada aos vícios de fumar e beber, compulsão sexual, etc.

A compulsão alimentar é responsável, em grande parte, pelo alto índice de obesidade no mundo. Muitas pessoas comem demasiadamente para preencher algum tipo de vazio – não só o do estômago – e não conseguem controlar o impulso por meio de remédios.

Fumantes têm maior incidência de câncer de pulmão, na boca, câncer de laringe, no esôfago, pâncreas, bexiga e rins do que os não fumantes. Úlceras estomacais e duodenais são 60% mais comuns entre eles. O vício de fumar retira o cálcio dos ossos, acelerando o processo da osteoporose.

O hábito de ingerir bebidas alcoólicas também cobra um alto preço. O álcool promove o aumento da pressão sanguínea e é tóxico para os músculos do coração. Aumenta o risco de derrame, morte súbita decorrente de arritmias e músculos cardíacos doentes, além de contribuir para o desenvolvimento da cirrose e do câncer.

Para vencer – A resistência à compulsão começa com o exercício do domínio próprio, o que pode ser definido em uma palavra: temperança, que significa a abstinência de tudo o que é prejudicial e o uso equilibrado de tudo o que é bom.

Manter-se informado sobre a importância do estilo de vida saudável ajuda muito, mas buscar forças em Deus também é muito importante. A força recebida por meio da oração e da comunhão com o Criador influenciará nossa capacidade de fazer mudanças, substituições e trocas em nossos hábitos.

Colocadas em prática, as dicas deste capítulo fariam muito bem ao Paulo, à Laura, ao Carlão e até mesmo à pequena Isabela. Você não acha? Se fariam bem a eles, também farão bem a você. Que tal começar hoje?

---

[1] A seção de dicas é uma adaptação autorizada de: Francisco Lemos, "Os Mais Simples Remédios", *Vida e Saúde*, jul. 2014, p. 9-25.

10

O poder da esperança

Deixamos para este capítulo a oitava dica do Fabricante: confie em Deus e tenha esperança. Mas será que esse "remédio" realmente funciona? Será que a religião pode fazer algum bem real na vida dos que a praticam?

O psiquiatra Harold Koenig, da Universidade Duke, nos Estados Unidos, é um dos cientistas que vêm pesquisando a relação entre religiosidade e saúde. Segundo ele, não adianta uma pessoa afirmar que é espiritualizada e não fazer nada. Para desfrutar os benefícios da religião é preciso estar comprometida com ela. É preciso frequentar os cultos, fazer parte de uma comunidade, expressar a fé em casa, por meio de oração, do culto em família e do estudo da Bíblia. As crenças religiosas precisam de fato influenciar a vida para que influenciem também a saúde.

O envolvimento religioso reduz o estresse psicológico, o que diminui a inflamação e a taxa de encurtamento dos "relógios biológicos" celulares, chamados telômeros, como já vimos. Eles encurtam a cada divisão celular e, quando se vão, as células morrem, ocasionando a degeneração do órgão. Isso explica por que as pessoas mais religiosas vivem, em média, sete a 14 anos a mais.

Assim, a religião só fará bem se for praticada e se for positiva, centrada em uma boa relação com Deus e com as pessoas, o que nos faz lembrar de Tiago 1:27: "A religião pura e imaculada diante de nosso Deus e Pai é esta: Visitar os órfãos e as viúvas nas suas aflições e guardar-se isento da corrupção do mundo."[1]

A verdadeira religião é prática e nos torna pessoas melhores aqui e agora. Ao mesmo tempo, aponta para um futuro de esperança, como vimos no capítulo 2. A esperança é a principal emoção em relação ao futuro. Essa qualidade, junto com o otimismo e as habilidades para manter bons relacionamentos, constitui a melhor prevenção contra as doenças mentais.

A esperança nos dá resistência ao choque. Quando ocorre uma catástrofe natural ou um infortúnio pessoal, aqueles que acreditam firmemente que existe uma solução experimentam uma medida adicional de força para se recuperar das perdas materiais e do abatimento.

Como explica o psicólogo Viktor Frankl, quase todos os sobreviventes dos campos de concentração nazista se salvaram porque mantiveram a esperança da libertação até o fim, porque não aceitaram pensar que aquele era o fim de seus dias e se concentraram na esperança de serem libertados algum dia daquele inferno.

Uma nova esperança

Se a esperança é uma condição tão importante e afeta tantas áreas de nosso presente e futuro, deveríamos conhecer formas de promovê-la. Veja uma lista de dicas para você fortalecer e desenvolver a esperança:

Desenvolva pensamentos cheios de esperança – Quando olhar para o futuro, se esforce para ver bons resultados e experiências satisfatórias. O que se espera no início determina o estado final das coisas. E, quando passar por uma experiência positiva, reflita sobre as qualidades positivas que a tornam possível.

Rejeite pensamentos negativos – Muitos dos pensamentos pessimistas contêm erros lógicos que temos de aprender a combater. Se suas férias não foram boas, você não pode concluir que, no futuro, elas sempre serão assim. Deve procurar razões específicas, que possam ser alteradas, a fim de obter o controle sobre os fracassos do passado e ter esperança no futuro.

Pense no passado com tranquilidade – Volte o olhar aos acontecimentos do passado, sem preocupações. Concentre-se especialmente nas coisas agradáveis e demonstre gratidão e apreço por sua experiência de vida. Quando fizer isso, verá o futuro de forma mais feliz, pois há bênçãos suficientes no passado para olhar o futuro com esperança.

Mude a rotina – Quando a desesperança o oprimir, mude a rotina de alguma forma. Procure um lugar afastado, respire outros ares e se distraia com alguma coisa diferente. Convide um amigo que não vê há muitos anos para conversar. Ouça uma música nova. E, se não guarda o sábado, descansando nesse dia, que tal começar? Essas variações renovarão seu espírito até o ponto de poder olhar para o futuro com esperança.

Cultive otimismo – A esperança e o otimismo estão intimamente ligados. Há duas formas de interpretar um mesmo fato: (1) "Provavelmente, esta dor de cabeça esteja relacionada com um tumor"; (2) "Provavelmente esta dor de cabeça não seja nada". Na ausência de dados precisos, é melhor optar pela segunda forma de pensar. Tudo tem o lado positivo e o negativo. Considere ambos, avalie a situação e reúna todas as informações disponíveis. Então, sinta-se satisfeito com o lado positivo e desfrute os resultados.

Leia e medite – Tenha bons livros sempre em sua companhia. Livros que apresentem assuntos de teor elevado e máximas de sabedoria profunda. Medite neles e encontrará calma e força para revigorar sua esperança. Os evangelhos, o livro de Salmos e o de Provérbios possuem textos inspirados que têm sido apoio e guia para fortalecer a esperança de inúmeras pessoas.

Procure um bom círculo social – A esperança se fortalece com a presença de pessoas esperançosas e positivas. Isso exerce uma ação benéfica. Procure estar na companhia de quem tem esperança e faça amizade com essas pessoas. Use seu tempo na companhia de pessoas de bem. Ofereça sua ajuda no que puder, assim você será bem recebido e será mais confiante.

Transmita ânimo e esperança aos outros – Parte de seu crescimento pessoal consiste em refletir nos outros a sua influência positiva. Quando falar com alguém que esteja passando por uma situação difícil, anime-o e ajude-o a fugir do desespero. Dirija sua atenção para outros assuntos, agradáveis ou neutros, até que a tempestade passe.

Cuide de seu bem-estar físico – Manter-se em forma, com saúde e satisfeito são condições para olhar o futuro com esperança. Cuide de sua saúde conscientemente para que seus pensamentos estejam sempre cheios de esperança. Coloque em prática as dicas que aprendeu no capítulo anterior.

Esperança religiosa

Além de ser uma atitude positiva para o futuro e fonte de saúde mental, a esperança é uma qualidade intimamente relacionada com a fé religiosa. A maioria das religiões está fundamentada na esperança ou conta com um forte componente dela. Para o crente, a esperança é um dom de Deus que relaciona o passado com o presente e o futuro, até oferecer um final feliz e definitivo.

Anote as características mais destacadas da esperança no contexto religioso:

Refere-se à esperança de salvação – A esperança religiosa provê a última solução para o problema do sofrimento. A salvação eterna é alcançada de acordo com o plano criado pelo próprio Deus: "Vida eterna, a qual o Deus que não mente prometeu antes dos tempos eternos" (Tito 1:2).

É essencial para a sobrevivência – Em um mundo repleto de injustiça e sofrimento, precisamos encontrar refúgio nas palavras do salmista, que oferece a esperança em Deus como meio de sustentação vital: "Apesar disso, esta certeza eu tenho: viverei até ver a bondade do SENHOR na Terra. Espere no SENHOR. Seja forte! Coragem! Espere no SENHOR" (Salmo 27:13, 14).

Sua obtenção exige mais que esforço humano – No contexto bíblico, não é somente o interesse e a decisão pessoal, mas a intervenção divina o que torna possível o grandioso dom da esperança. O apóstolo Paulo afirma que a verdadeira esperança provém gratuitamente de Deus: "O próprio Senhor Jesus Cristo e Deus nosso Pai, que nos amou e nos deu eterna consolação e boa esperança pela graça" (2 Tessalonicenses 2:16).

Proporciona alegria – A esperança religiosa não é demonstrada por sofrimento e penitência. A verdadeira esperança é motivo de alegria, felicidade e bem-estar. Paulo faz uso dessa ideia de forma clara: "Alegrem-se na esperança, sejam pacientes na tribulação, perseverem na oração" (Romanos 12:12). "O Deus da esperança os encha de toda alegria e paz, por sua confiança Nele, para que vocês transbordem de esperança, pelo poder do Espírito Santo" (Romanos 15:13).

Permanece até a volta de Jesus – A esperança, de acordo com a Bíblia, tem como ponto culminante o retorno de Cristo a este mundo, fato que indica o fim do medo, da injustiça e do sofrimento: "Enquanto aguardamos a bendita esperança: a gloriosa manifestação de nosso grande Deus e Salvador, Jesus Cristo" (Tito 2:13).

Inclui a certeza da ressurreição – A esperança cristã anima a pessoa que crê, pois ela sabe que um dia ressuscitará para a salvação eterna: "Irmãos, não queremos que vocês sejam ignorantes quanto aos que dormem, para que não se entristeçam como os outros que não têm esperança. [...] Pois, dada a ordem, com a voz do arcanjo e o ressoar da trombeta de Deus, o próprio Senhor descerá dos Céus, e os mortos em Cristo ressuscitarão primeiro" (1 Tessalonicenses 4:13, 16).

Centraliza-se em uma recompensa perfeita e eterna – A esperança religiosa entra em uma etapa totalmente diferente; outra dimensão, outra ordem de coisas e chega à solução final e total. "Bendito seja o Deus e Pai de nosso Senhor Jesus Cristo! Conforme a Sua grande misericórdia, Ele nos regenerou para uma esperança viva, por meio da ressurreição de Jesus Cristo dentre os mortos, para uma herança que jamais poderá perecer, macular-se ou perder o seu valor. Herança guardada nos Céus para vocês" (1 Pedro 1:3, 4).

Se a esperança religiosa ainda não faz parte de sua vida, procure ter essa experiência. Estude e aceite essas promessas como esperança de salvação e vida eterna. Essa aceitação lhe proporcionará mudanças que darão mais sentido à sua existência e uma esperança muito mais completa.

Restauração

O pai de Ronald Mallett morreu quando ele tinha apenas dez anos de idade. A causa foi um ataque cardíaco em decorrência do tabagismo. Por causa disso, Mallett, ainda criança, decidiu que iria viajar no tempo para salvar o pai. Mais tarde, ele se tornou físico, estudando por anos a fio o que considerava uma possibilidade real. Em 1973, com 28 anos, recebeu um PhD pela Universidade Estadual da Pensilvânia. Foi premiado por excelência no ensino e se tornou professor de Física na Universidade de Connecticut, sendo incentivado em sua pesquisa por cientistas como Stephen Hawking.

O maior problema no plano de Mallett é que ele cria um paradoxo: caso ele consiga viajar no tempo e faça o pai parar de fumar, será eliminada a possibilidade de que ele, ainda criança, se torne tão obstinado para voltar no tempo, o que, obviamente, faria com que ele não pudesse ter voltado!

O fato incontestável é que o passado não pode ser mudado. Vimos isso ao longo deste livro. O futuro ainda não nos pertence. O que nos resta, portanto, é o presente e o que fazemos com ele. Quando Laura decidiu estudar a Bíblia e conhecer a Deus, ativou uma reação em cadeia com a qual nem ela mesma poderia sonhar. A decisão de Laura não poderia mudar o passado, mas ajudaria a escrever um futuro de esperança para ela e para outras pessoas.

À medida que prosseguia em seus estudos bíblicos e aprofundava sua comunhão com Jesus, ela passou a sentir um desconforto em relação ao pai. Daquela vez, era algo diferente. Antes, quando pensava naquele homem, ela sentia ódio e desprezo. Como ele pôde ser tão insensível a ponto de abandonar a filhinha para ir "curtir a vida"? Como podia ser tão egoísta e não pensar que isso deixaria marcas profundas nela? Se ele não tivesse abandonado a família, talvez a mãe de Laura ainda vivesse, pois não teria adoecido de tanto trabalhar para sustentá-la. A menina assustada não teria sido criada por uma tia distante, não teria afundado nos livros e na carreira como forma de sufocar os clamores da alma. Não teria se tornado uma pessoa tão obstinada, ansiosa e intolerante com os que a rodeavam no trabalho, o único local em que ainda mantinha algum tipo de relação social. Se o pai não a tivesse abandonado, certamente ela não teria desenvolvido aversão aos homens e hoje poderia ter a própria família e, quem sabe, filhos.

Laura não podia mudar nada disso, mas ela podia fazer algo: perdoar o pai e se reconciliar com seu passado. Meses antes de descobrir o que estava descobrindo, essa seria uma impossibilidade; mas, a partir dos estudos bíblicos, as coisas estavam diferentes. Ela estava diferente. O pai do filho pródigo não tinha recebido o filho de volta? O que dizer então dos "pais pródigos"?

Não mereciam também perdão? Ela tinha que fazer isso – por ela e por ele. Esse seria o primeiro milagre da reação em cadeia.

Quando atravessou a porta da casa de repouso, Laura sentiu um calafrio lhe percorrer a espinha. O coração acelerou, e as mãos começaram a suar. Será que ela teria mesmo forças? Fazia muitos anos desde a última vez em que ela tentara entrar naquele lugar, sem sucesso.

Com passos lentos, ela entrou em um quarto e foi se aproximando de um senhor de cabelos brancos, corpo arqueado, sentado em uma cadeira de rodas, com o olhar perdido através de uma janela. Ele estava de costas para ela e não percebeu sua aproximação. Laura notou o quanto ele estava magro, com a pele já colando aos ossos devido ao avanço do câncer. Ele era apenas uma sombra do que havia sido.

Laura fez uma oração silenciosa, reuniu todas as suas forças e disse quase num sussurro:

– Pai.

Aquela palavra, aquela voz... Há quanto tempo não as ouvia? Carlos se esforçou para virar a cadeira de rodas e olhou diretamente nos olhos da mulher à sua frente.

– Filha? É você? Você... veio?

Lágrimas começaram a escorrer dos olhos dos dois.

– Você não vai acreditar! Agora mesmo, eu estava olhando para o céu e disse em pensamento: "Deus, se o Senhor existe, mostre para mim. Por favor, traga minha filha aqui antes que eu morra. Eu preciso pedir perdão a ela, eu preciso..."

A voz embargou. O homem conhecido como Carlão, por sua força, sua altura e determinação, naquele momento parecia uma criança indefesa. O "pai pródigo" estava humilhado, maltrapilho, destruído. Havia esbanjado tudo e perdido o que era mais importante.

"O que o Pai do Céu faria em meu lugar?" Foi esse o pensamento de Laura. E ela não esperou mais. Deu quase um salto, transpôs a distância que a separava do pai e o abraçou com força, demoradamente, enquanto lágrimas e mais lágrimas lhe banhavam o rosto.

– Pai, Deus existe, e Ele acabou de atender ao seu pedido. Eu te perdoo!

Esse foi apenas o segundo milagre. A história não termina aqui.

Quando Laura chegou ao trabalho naquela segunda-feira, todos puderam perceber que havia algo diferente. Para começar, ela entrou sorrindo no escritório e disse um bom-dia a cada um. Em seguida, passou a chamar um por um à sua sala. No começo, ninguém entendeu nada. Então, chegou a vez dele.

– Sente-se, Paulo. Tudo bem com você?

Paulo se sentou lentamente na cadeira em frente à mesa de Laura, avaliando cada expressão do rosto dela. "Será que ela está doente? Será que enlouqueceu de vez?"

– Sei que você e os outros devem estar achando tudo muito estranho. Por isso, resolvi conversar com cada um individualmente. Não na condição de supervisora, mas na de ser humano.

Paulo continuava em silêncio, praticamente sem piscar.

– Antes de mais nada, preciso lhe pedir perdão. Nos últimos meses, levada pela minha ansiedade e pensando apenas nos resultados da empresa, acabei sendo um pouco dura com todos vocês. Acho que transformei a vida de vocês num verdadeiro inferno.

Paulo se conteve para não balançar a cabeça afirmativamente.

– Mas aconteceu algo maravilhoso em minha vida, que mudou completamente minha perspectiva. Vai parecer estranho, mas é a pura verdade. Não posso dizer outra coisa: tive um encontro pessoal com Jesus. Ele não apenas me perdoou, mas também me ajudou a perdoar meu pai, a deixar meu passado no passado e a olhar para o futuro com esperança.

Laura pegou sua Bíblia com as duas mãos e prosseguiu:

– Foi o estudo deste livro que ajustou meu foco e me fez ver que eu poderia e deveria ser outra pessoa. As pessoas são infinitamente mais importantes do que as coisas e os números.

Olhando bem nos olhos do funcionário, ela perguntou:

– Paulo, você me perdoa? Você me perdoa por todo o estresse que lhe causei e que, certamente, deve ter afetado sua saúde e sua família? Você pode me perdoar?

Engolindo em seco, ele respondeu meio hesitante:

– Sim, Laura, eu posso. Eu te perdoo.

Laura se levantou, agradeceu e concluiu:

– Prometo que daqui em diante tudo será diferente.

Terceiro milagre.

Paulo saiu da sala da supervisora ainda sem entender direito o que havia acontecido, mas ele se sentia bem. Sentia-se aliviado. O momento de ir embora estava quase chegando. Ele se sentou à mesa, pegou uma folha de papel e se pôs a escrever algumas palavras. Depois guardou a folha em um envelope, colocou-a no bolso do casaco e foi para casa.

– Olá, querida! Como você está linda hoje! – e deu um abraço apertado na esposa, como havia tempo não fazia. Ajoelhou-se diante do filho e prometeu:

– Coloque seu *short*. Daqui a pouco a gente vai jogar bola no quintal. Olhando para a filha, convidou:

– Venha cá, linda. Tenho uma coisinha para você.

Paulo tirou o envelope do casaco e o deu para Isabela. Imaginando que fosse mais uma carta da escola informando sobre seus acessos de raiva, ela o abriu com receio. Dentro, havia uma folha com os dizeres: "Eu te amo, minha querida."

Com os olhos brilhando em lágrimas, ela se agarrou ao pescoço do pai, que disse a todos com firmeza e brandura ao mesmo tempo:

– Estamos precisando de Deus nesta casa. Estamos precisando de amor.

E esse foi o quarto milagre.

---

[1] Michelson Borges, *Vida e Saúde*, "Saúde emocional e espiritual". Disponível em: <http://www.revistavidaesaude.com.br/destaques/saude--emocional-e-espiritual/>. Acesso em 10/2/2017.

Se você gostou da mensagem deste livro
e deseja mais informações, visite:
www.opoderdaesperanca.com.br

Você pode ainda entrar em contato conosco pelo e-mail
atendimento@esperanca.com.br

ou escrever para o Projeto Esperança,
Caixa Postal 7, Jacareí, SP, CEP 12300-970.

Se preferir, ligue para (12) 2127-3121.

Para saber mais sobre a mensagem maravilhosa que a Bíblia
apresenta para você e sua família, acesse:
www.biblia.com.br

Conheça também a TV Novo Tempo:
www.novotempo.com.br

A dor e a noite passarão

Posso dizer que boa parte do que me coube escrever neste livro foi redigida em um leito de hospital e enquanto me recuperava da cirurgia, já em casa. Nem meu colega autor, o Dr. Julián Melgosa, soube disso na época, pois mantive a informação restrita a um pequeno grupo de amigos e familiares, que oraram muito por mim. De uma hora para outra, fui diagnosticado com o que parecia ser um tumor, um nódulo de dois centímetros que precisava ser removido imediatamente a fim de ser avaliada sua natureza, se maligna ou benigna. Nem preciso dizer que minha vida mudou de repente. Eu, que nunca havia necessitado me submeter a qualquer procedimento médico mais sério, poderia estar com câncer. Internação, bateria de exames e, então, a data da cirurgia foi marcada.

Lá fui eu para a mesa cirúrgica, um pouco tenso, mas confiante na certeza de que Deus cuidava de tudo. Não sei quantas horas depois acordei no quarto do hospital com a visita do médico, que me tranquilizou com a boa notícia: não se tratava de um tumor. Era apenas um nódulo com nada de malignidade.

Voltei para casa aliviado e grato a Deus, mas sentindo fortes dores pós-operatórias. Na segunda noite após a cirurgia, não consegui dormir um minuto sequer. Senti as dores mais intensas de toda a minha vida, e só minha esposa viu minhas lágrimas de desespero. Mas a dor passou, o dia amanheceu e fui me sentindo melhor a cada dia. Dessa experiência, ficará apenas uma cicatriz no lado direito do abdômen. E cada vez que eu olhar para ela, até a volta de Jesus, vou me lembrar do cuidado de Deus e dos momentos especiais em que escrevi este livro com oração, pensando em cada leitor que terá contato com o poder da verdadeira Esperança.

Ainda que o desfecho do seu caso não seja como o meu, não perca a esperança. Ainda que a sua doença seja grave e aparentemente incurável, não perca a esperança. Não sei quais são as feridas que a vida lhe impôs, mas de uma coisa eu sei: se você segurar firmemente a mão de Deus, essas feridas serão transformadas em cicatriz, e a noite dará lugar ao amanhecer. A dor vai passar. A batalha terá fim. Acredite: a Esperança existe, ela é poderosa, real e tem nome: Jesus Cristo.